服装
ふくそう

의복 및 화장

T シャツ
명 T셔츠

着物
き もの
명 기모노

シャツ
명 셔츠

シフォントップ
명 쉬폰 탑

ニットトップ
명 니트 탑

セーター
명 스웨터

ベスト
명 조끼

スーツベスト
명 정장 조끼

ポロシャツ
명 폴로 셔츠

**フード付き
Tシャツ**
명 후드 셔츠

スポーツウェア
명 스포츠 웨어

プルオーバー
명 풀오버

♪ 085

オーバーコート
명 오버 코트

カーディガン
명 카디건

_{かわ}
革ジャン
명 가죽 재킷

スーツ
명 양복

ジャケット
명 재킷

ウインドブレーカー
명 스포츠용 점퍼

♪ 086

ブレザー
명 블레이저

長袖
<ruby>ながそで</ruby>
명 긴소매

**ノースリーブ
シャツ**
명 민소매

パジャマ
명 잠옷

半袖
<ruby>はんそで</ruby>
명 반소매

ダウンジャケット
명 다운재킷

♪ 087

ズボン
📛 바지

ストレートパンツ
📛 스트레이트 팬츠

<ruby>短<rt>たん</rt></ruby>パン
📛 반바지

スカート
📛 스커트

パンツ
📛 팬츠

スウェットパンツ
📛 스웨트 팬츠

♪ 088

膝丈スカート <ruby>膝丈<rt>ひざたけ</rt></ruby>
명 무릎 기장의
스커트

オーバーホール
명 멜빵바지

ワンピース
명 원피스

作業ズボン <ruby>作業<rt>さぎょう</rt></ruby>
명 작업 바지

ロングスカート
명 롱스커트

ドレス
명 드레스

ミニスカート
명 미니스커트

♪ 089

フィット
パンツ
명 딱 맞는
팬츠

プリーツ
スカート
명 플리츠 스커트

ワイド
パンツ
명 와이드
팬츠

七分丈パンツ
명 7부 바지

スラックス
명 슬랙스

ハーレムパンツ
명 하렘 팬츠

ライディング
ブリーチズ
명 라이딩 브리치스
(승마할 때 입는 바지)

ポケット
명 주머니

ジーンズ
명 청바지

スキーパンツ
명 스키 팬츠

海パン
かい
명 수영복 바지

カモフラージュ
パンツ
명 카무플라주
(밀리터리) 팬츠

パンタロン
명 나팔바지

♪ 091

Unit 3-3

의복 및 화장

속옷
下着 (したぎ)

バストサイズ
명 가슴 사이즈

ストラップ
명 스트랩, 끈

授乳用 (じゅにゅうよう)
ブラジャー
명 수유용 브래지어

プッシュ
アップブラ
명 푸쉬업 브래지어

スポーツ
ブラジャー
명 스포츠 브래지어

ハーフカップブラ
명 하프컵 브래지어

ビルトイン
ブラジャー
명 브라캡 내장
티셔츠

バンド
ブラジャー
명 밴드 브라탑

♪ 092

ボクサーブリーフ
명 복서 브리프

<ruby>下着<rt>したぎ</rt></ruby>
명 속옷

Ｔバック
명 T팬티

タンガ
명 탕가 팬티

ストリング
명 스트링

ブリーフ
명 브리프

ハイウエスト
명 하이웨스트

ボクサーパンツ
명 복서 팬츠

ローライズパンツ
명 로라이즈

ヒップハング
명 힙허거

♪ 093

せんたくき　せんたく
洗濯機による洗濯

관 세탁기 이용 가능

せんたくふか
洗濯不可

관 세탁 불가능

て あら
手洗い

명 손세탁

えきおん　どげんど
液温 70℃限度

관 70도 제한

ひょうはくふ か
漂白不可

관 표백제 불가능

て しぼ
手絞りはできません

관 짜면 안됩니다

ひょうはくか
漂白可

관 표백제 가능

ドライクリーニング
명 드라이 클리닝

アイロン掛けは出来ない
관 다림질을 하면 안됩니다

陰干し
관 그늘에서 말리기

平干し
관 평평하게 말리기

乾燥機を
使用してください
관 건조기를 사용해 주세요

乾燥機を最高温度に設定
관 건조기를 최고 온도로 설정

乾燥機を常温に設定
관 건조기를 상온으로 설정

♪ 095

ビーチサンダル
명 비치샌들

**キトン・
ヒール**
명 키튼힐

デザートブーツ
명 스웨이드 가죽으로
만든 목이 긴 구두

**ダービー
シューズ**
명 더비 슈즈

サンダル
명 샌들

**ウェッジ
ソール**
명 웨지 슈즈

**レイン
ブーツ**
명 장화

スリッパ
명 슬리퍼

**ボア
ブーツ**
명 어그부츠

**スポーツ
シューズ**
명 운동화

ニーハイ
ブーツ
명 니하이 부츠

アーミー
ブーツ
명 군화

ウェッジ
ブーツ
명 웨지 부츠

木靴
명 나막신

アンクル
ブーツ
명 앵클 부츠

サボシューズ
명 사보 슈즈

ジェリー
シューズ
명 젤리 슈즈

スニーカー
명 스니커즈

ボート
シューズ
명 보트 슈즈

モカシン
シューズ
명 모카신 슈즈

ローファー
명 로퍼

♪ 097

アンクルストラップ
シューズ
명 앵클 스트랩 슈즈

メリージェーン
シューズ
명 메리제인
슈즈

チェルシー
ブーツ
명 첼시 부츠

Tストラップ
シューズ
명 T스트랩 슈즈

カウボーイ
ブーツ
명 카우보이
부츠

ブローグ
シューズ
명 브로그 슈즈

キャンバス
シューズ
명 캔버스화

サイハイ
ブーツ
명 사이하이
부츠

チャンク
ヒール
명 가보시힐

グラディエーター
サンダル
명 글래디에이터 샌들

下駄
<ruby>下駄<rt>げ た</rt></ruby>
명 게다
（일본식 나막신）

バレリーナ
フラットシューズ
명 발레리나
플랫 슈즈

革靴
<ruby>革靴<rt>かわぐつ</rt></ruby>
명 가죽 구두

プラットフォーム
ヒール
명 통굽 힐

ピープトゥ
シューズ
명 오픈토 슈즈

スリッポン
スニーカー
명 슬립온
스니커즈

スティレット
シューズ
명 스틸레토 슈즈

スリングバック
シューズ
명 슬링백 슈즈

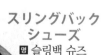

♪ 099

ベースボールキャップ
명 야구 모자

トリコーン
명 트리코르느

カウボーイハット
명 카우보이 모자

トップハット
명 톱 해트

マリンキャップ
명 마린 캡

ニット帽
ぼう
명 털모자

マジックハット
명 마술사 모자

バケットハット
명 버킷 햇

ソンブレロ
명 솜브레로

ゴブハット
명 고브 해트

けいかんぼうし
警官帽子
명 경찰 모자

ぼう
サンタ帽
명 산타 모자

むぎ　　ぼうし
麦わら帽子
명 밀짚 모자

モーターボードキャップ
명 학사모

ジェスターズキャップ
명 제스터즈 캡

コック帽
명 요리사 모자

パーティーハット
명 파티 모자

シルクハット
명 실크 해트

フリジアンキャップ
명 프리지안 모자

ヘルメット
명 헬멧

野球キャップ
명 야구모자

カンカン帽
名 보터 해트

クローシュ
名 클로슈

ベレー帽
名 베레모

ボーラーハット
名 중산모, 볼러 해트

キャスケット
名 빵모자

ディアストーカー
名 디어스토커 해트

ノンラー
名 농라

ネクタイ
명 넥타이

て ぶくろ
手袋
명 장갑

かわ て ぶくろ
革手袋
명 가죽 장갑

サングラス
명 선글라스

かさ
傘
명 우산

アンクレット
명 앵클릿

マフラー
명 머플러

リストバンド
图 리스트 밴드

ブローチ
图 브로치

コサージュ
图 코르사주

ネックレス
图 목걸이

真珠ネックレス
しんじゅ
图 진주 목걸이

イアリング
图 귀걸이

指輪
ゆび わ
图 반지

ベルト
图 벨트

♪ 105

ショルダー
バッグ
명 숄더 백

マント
명 망토

リュック
명 배낭

クラッチバッグ
명 클러치백

ハンドバッグ
명 핸드백

カフスボタン
명 커프스 단추

ブリーフケース
명 서류 가방

耳あて
<small>みみ</small>
명 귀마개

かんざし
명 비녀

タイクリップ
명 넥타이 핀

腕時計
<small>うで ど けい</small>
명 손목시계

値札
<small>ね ふだ</small>
명 가격표

ヘアピン
명 머리핀

ペンダント
명 펜던트

カチューシャ
명 머리띠

婚約指輪
<small>こんやくゆび わ</small>
명 결혼 반지

♪ 107

BB クリーム
명 BB크림

マスカラ
명 마스카라

下地クリーム
<small>した じ</small>
명 기초 크림

コンシーラー
명 컨실러

口紅
<small>くちべに</small>
명 립스틱

日焼け止め
クリーム
<small>ひ や ど</small>
명 선크림

フェイスパウダー
명 페이스 파우더

パフ
명 퍼프

アイシャドウ
명 아이섀도

練りチーク
명 블러셔

アイブローペンシル
명 아이브로우 펜슬

アイライナー
명 아이라이너

リキッドチーク
명 리퀴드 블러셔

リップグロス
명 립글로스

鉛筆削り
명 연필깎이

アイラッシュ
カーラー
명 뷰러

マニキュア
명 매니큐어

シェーディング
パウダー
명 쉐딩 파우더

ファンデーション
명 파운데이션

リップクリーム
명 립크림

パウダークッション
명 파우더 쿠션

パウダーチーク
명 파우더 치크

付けまつげ
<ruby>付<rt>つ</rt></ruby>けまつげ
명 인조 속눈썹

ブラシ
명 브러시

メーク落し
メーク<ruby>落<rt>おと</rt></ruby>し
명 메이크업 리무버

制汗剤
<ruby>制汗剤<rt>せいかんざい</rt></ruby>
명 데오드란트

コットン
명 화장솜

眉カミソリ
<ruby>眉<rt>まゆ</rt></ruby>カミソリ
명 눈썹칼

香水
<ruby>香水<rt>こうすい</rt></ruby>
명 향수

^{け しょうすい}
化粧水
명 화장수

フェイス
クリーム
명 페이스 크림

^{にゅうえき}
乳液
명 로션

^{せんがんりょう}
洗顔料
명 세안제

スクラブクリーム
명 스크럽 크림

エッセンス
명 에센스

アイクリーム
명 아이 크림

더 알아보기

- 保湿 _{ほ しつ} 명 보습
- 美白 _{び はく} 명 미백
- 基礎ケア _{き そ} 명 기초 케어
- マッサージクリーム 명 마사지 크림
- 目元パック _{め もと} 명 눈가 전용 팩
- 肌 _{はだ} 명 피부
- 乾燥肌 _{かんそうはだ} 명 건성 피부
- 脂性肌 _{し せいはだ} 명 지성 피부
- 混合肌 _{こんごうはだ} 명 복합성 피부
- 敏感肌 _{びんかんはだ} 명 민감성 피부

- コラーゲン 명 콜라겐
- アルファヒドロキシ酸 _{さん} 명 알파하이드록시산
- ビタミン 명 비타민
- 潤い _{うるお} 명 수분
- ヒアルロン酸 _{さん} 명 히알루론산
- ケア 명 케어
- シミ改善 _{かいぜん} 명 기미 개선
- ジェル 명 젤
- アイメイククレンジング 명 아이 메이크업 클렌징
- パウダーウォッシュ 명 파우더 워시

의복 및 화장

ヘアーオイル
📁 헤어 오일

**ナイト
クリーム**
📁 나이트 크림

**ハンド
クリーム**
📁 핸드 크림

デイクリーム
📁 데이 크림
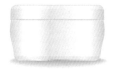

マスク
📁 마스크팩

**ボーディー
ローション**
📁 바디로션

**フェイシャル
スクラブクリーム**
📁 페이셜 스크럽 크림

더 알아보기

- **抗加齢** こうかれい 명 노화 방지
- **引き締め** ひし 명 탱탱함
- **ニキビ防止** ぼうし 명 여드름 방지
- **しわ防止** ぼうし 명 주름 방지
- **天然成分** てんねんせいぶん 명 천연성분
- **はりがある** 관 탄력이 있다
- **ノンアルコール** 명 무알코올
- **かさつき** 명 까칠까칠한 피부
- **バランシング** 명 밸런싱, 균형
- **きめ** 명 살결
- **温和** おんわ 형 온화하다
- **肌荒れ** はだあ 명 살갗이 거칠어짐
- **もち肌** はだ 명 매끈하고 포동포동한 살갗
- **ウォータープルーフ** 명 워터프루프
- **長続き** ながつづ 명 오래 가다
- **ディープクリーンパック** 명 딥 클린팩
- **オイルコントロール** 명 오일 컨트롤
- **オイルフリー** 명 오일 프리
- **素肌** すはだ 명 맨 살갗
- **くすみ** 명 그을음

헤어스타일
ヘアスタイル

カールアイロン
圏 컬 아이론

ツインテール
圏 양갈래 머리

ウェーブ
圏 웨이브

ヘアジェル
圏 헤어젤

ポニーテール
圏 포니테일

ストレート
圏 스트레이트

カツラ
圏 가발

髪染め剤
圏 염색제

더 알아보기

- リンスインシャンプー 명 린스인 샴푸
- コンディショナー 명 컨디셔너
- ショットヘア 명 단발 머리
- ロングヘア 명 긴 머리
- 三つ編み 명 땋은 머리
- シニョン 명 시뇽
- 前髪 명 앞머리
- センターパート 명 가운데 가르마
- ボブ 명 보브
- 色染め 명 염색
- パーマ 명 파마
- トリートメント 명 트리트먼트
- カット 명 커트
- サイドパート 명 옆 가르마
- クルーカット 명 상고 머리
- ベリーショート 명 쇼트커트
- 禿げ 명 대머리
- 天然パーマ 명 천연 파마
- ふんわり 형 더부룩하다
- ペタンコ 형 납작하다

無地
むじ
명 무늬가 없음

水玉
みずたま
명 물방울 무늬

チェック柄
がら
명 체크 무늬

縦縞
たてじま
명 세로줄 무늬

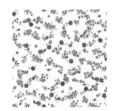

花柄
はながら
명 꽃 무늬

横縞
よこじま
명 가로줄 무늬

格子柄
_{こうしがら}

명 격자 무늬

菱紋
_{ひしもん}

명 마름모 무늬

星柄
_{ほしがら}

명 별 무늬

木目柄
_{もくめがら}

명 나뭇결 무늬

大理石柄
_{だいりせきがら}

명 대리석 무늬

豹柄
_{ひょうがら}

명 호피 무늬

의복 및 화장

색
色
（いろ）

黒（くろ）
명 검은색

茶色（ちゃいろ）
명 갈색

オリーブ色（いろ）
명 올리브색

緑色（みどりいろ）
명 초록색

青（あお）
명 파란색

赤（あか）
명 빨간색

オレンジ色（いろ）
명 오렌지색

黄色（きいろ）
명 노란색

灰色（はいいろ）
명 회색

水色 (みずいろ)
명 물색

バイオレット
명 바이올렛

紫色 (むらさきいろ)
명 보라색

ピンク
명 핑크

金色 (きんいろ)
명 금색

フレッシュ グリーン
명 연두색

空色 (そらいろ)
명 하늘색

薔薇紅色 (ばらべにいろ)
명 장미색

白 (しろ)
명 흰색

カーキ色 (いろ)
명 카키색

濃い緑 (こいみどり)
명 짙은 녹색

銀色 (ぎんいろ)
명 은색

♪ 121

赤レンガ色
あか いろ
명 붉은 벽돌색

桃色
ももいろ
명 분홍색

濃い色
こ いろ
명 짙은 색

薄い色
うす いろ
명 옅은 색

珊瑚色
さん ご いろ
명 산호색

ベージュ
명 베이지색

アプリコット
명 살구색

ラベンダー色
いろ
명 라벤더색

インディアン
レッド
명 인디언 레드

濃紺
のうこん
명 짙은 감색

ライラック
명 라일락

白銀色
しろがねいろ
명 백은색

**アップル
グリーン**
명 애플 그린

<ruby>青緑色<rt>あおみどりいろ</rt></ruby>
명 청록색

<ruby>碧色<rt>へきしょく</rt></ruby>
명 벽색

<ruby>梅紫色<rt>うめむらさきいろ</rt></ruby>
명 매실 보라색

らくだ<ruby>色<rt>いろ</rt></ruby>
명 낙타색

<ruby>緋色<rt>ひいろ</rt></ruby>
명 심홍색

ワイン<ruby>色<rt>いろ</rt></ruby>
명 와인색

**マラカイト
グリーン**
명 공작석색

チョコレート
명 초콜릿색

<ruby>小麦色<rt>こむぎいろ</rt></ruby>
명 밝고 엷은
다갈색

<ruby>琥珀色<rt>こはくいろ</rt></ruby>
명 호박색

シアン
명 청과 녹색의
중간색

♪ 123

Part 1
매일 마주하는 일상

交通
こうつう

교통

カート
명 카트

しゃしょう
車掌
명 차장

デジタル時計
とけい
명 디지털 시계

なら
並ぶ
동 줄 서다

きっぷ
切符
명 표

えきちょう
駅長
명 역장

こうしゅうでんわ
公衆電話
명 공중전화

❶ 天井 명 천장
　てんじょう

❷ 電線 명 전선
　でんせん

❸ 電子掲示板 명 전자게시판
　でんしけいじばん

❹ 旅人 명 여행객
　たびびと

❺ 列車 명 열차
　れっしゃ

❻ 標識 명 표지
　ひょうしき

❼ 点字ブロック 명 점자블록
　てんじ

❽ レール 명 철길

❾ ホーム 명 플랫폼

교통

❶ 時刻表 뗑 시간표

❷ 通勤者 뗑 통근자

❸ 入口 뗑 입구

❹ 改札口 뗑 개찰구

❺ 出口 뗑 출구

❻ 自動券売機 뗑 승차권 자동 판매기

❼ 観光客 뗑 관광객

❽ 乗客 뗑 승객

❾ 切符売り場 뗑 매표소

❿ 案内所 뗑 안내소

❶ 指示 (しじ) 명 지시

❷ 落書き (らくがき) 명 낙서

❸ 路線図 (ろせんず) 명 노선도

❹ 券売機 (けんばいき) 명 판매기

❺ ボタン 명 버튼

❻ 画面 (がめん) 명 화면

❼ 投入口 (とうにゅうぐち) 명 투입구

❽ 領収書出口 (りょうしゅうしょでぐち) 명 영수증 출구

❾ テンキー 명 숫자 패드

교통

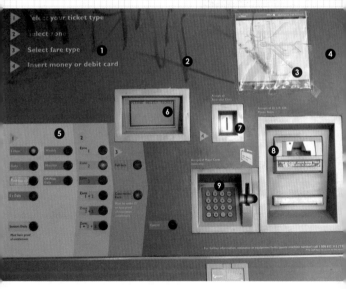

Unit 4-2

교통
기차 안
しゃりょう
車両

エアコン
명 에어콘

サラリーマン
명 샐러리맨

ゆうせんせき
優先席
명 노약자 우선석

に もつ
荷物
명 짐

しょう か き
消火器
명 소화기

ひ じょうよう
非常用ハンマー
명 비상 망치

① 換気口 명 환기구

② 吊革 명 가죽 손잡이

③ 蛍光灯 명 형광등

④ 車内広告 명 차내광고

⑤ 手すり 명 난간

⑥ 自動ドア 명 자동문

⑦ 席 명 좌석

⑧ ガラス窓 명 유리창

⑨ 通路 명 통로

교통

茶髪 (ちゃぱつ)
명 갈색으로 염색한 머리

笑顔 (えがお)
명 웃는 얼굴

ハンドル
명 핸들

スニーカー
명 스니커즈

タイツ
명 타이즈

座席 (ざせき)
명 좌석

T シャツ
명 T셔츠

❶ **帽子** (ぼうし) 명 모자

❷ **シートベルト** 명 안전벨트

❸ **座る** (すわる) 명 앉다

❹ **クッション** 명 쿠션

❺ **靴下** (くつした) 명 양말

❶ ベンチレーター 명 통풍기

❷ 非常口 명 비상구
ひじょうぐち

❸ 反射鏡 명 반사경
はんしゃきょう

❹ 二人掛け 명 2인 좌석
ふたり が

❺ 後方座席 명 후방
こうほう ざ せき

❻ 降車ボタン 명 하차 버튼
こうしゃ

❼ 景色 명 경치
けしき

❽ 階段 명 계단
かいだん

교통

❶ バス路線名（ろせんめい）名 버스 노선명

❷ バックミラー 名 백미러

❸ バスドライバー 名 버스 운전기사

❹ ハンドル 名 핸들

❺ ワイパー 名 와이퍼

❻ フロントガラス 名 앞 유리

❼ ドア 名 문

❽ 車輪（しゃりん）名 차 바퀴

❾ ライト 名 라이트

❿ ナンバープレート 名 차 번호판

Tupungato / Shutterstock.com

- **カードリーダー** 명 카드리더기
- **アナウンス** 명 방송
- **馬力**<ruby>ば<rt>ばりき</rt></ruby> 명 마력
- **シートベルト** 명 안전벨트
- **ハンドブレーキ** 명 수동식 브레이크
- **クラクション** 명 경적
- **窓側**(まどがわ) 명 창가 측
- **通路側**(つうろがわ) 명 통로 측
- **窮屈**(きゅうくつ) 형 답답함
- **交通**(こうつう) 명 교통
- **公衆**(こうしゅう) 명 공중
- **マナー** 명 매너
- **始発**(しはつ) 명 처음으로 출발함
- **終点**(しゅうてん) 명 종점
- **車の屋根**(くるまのやね) 명 차의 지붕
- **タイヤ** 명 타이어
- **交通渋滞**(こうつうじゅうたい) 명 교통체증
- **信号機**(しんごうき) 명 신호등
- **駐車**(ちゅうしゃ) 명 주차
- **制限速度**(せいげんそくど) 명 제한속도
- **ドライブ** 명 드라이브

トラック
명 트럭

じょうようしゃ
乗用車
명 승용차

タクシー
명 택시

バン
명 밴

キャンピングカー
명 캠핑카

トレーラー
명 트레일러

ハッチバック
명 해치백

助手席
<ruby>助手席<rt>じょしゅせき</rt></ruby>
명 조수석

後部座席
<ruby>後部座席<rt>こうぶざせき</rt></ruby>
명 뒷자석

バンパー
명 범퍼

トランク
명 트렁크

運転席
<ruby>運転席<rt>うんてんせき</rt></ruby>
명 운전석

♪ 137

高級車
こうきゅうしゃ
🅝 고급차

SUV車
しゃ
🅝 SUV 차

オフロード車
しゃ
🅝 <u>오프로드</u> 차

ヴィンテージカー
🅝 빈티지 차

バッテリー
🅝 배터리

オープンカー
🅝 오픈카

♪ 138

- **小型車** 명 소형차
- **中型車** 명 중형차
- **大型車** 명 대형차
- **電気自動車** 명 전기자동차
- **ハイブリッド車** 명 하이브리드차
- **自動運転車** 명 자동 운전차
- **カーナビ** 명 자동차 내비게이션
- **チャイルドシート** 명 어린이용 좌석
- **スパークプラグ** 명 스파크 플러그
- **オートマ車** 명 오토매틱 차
- **マニュアル車** 명 수동기어 차
- **道** 명 길
- **ロードサービス** 명 도로 서비스
- **アンダーパス** 명 지하도
- **料金所** 명 요금소
- **路肩** 명 갓길
- **ロータリー** 명 로터리
- **芳香剤** 명 방향제
- **塗装** 명 도장
- **バックミラー** 명 백미러

교통

ヘルメット
명 헬멧

グローブ
명 글러브

ドライブレコーダー
명 차량의 블랙박스

潤滑油
명 윤활유

レインコート
명 우비

オーバーシューズ
명 덧신

ガソリンタンク
명 가솔린 탱크

ヘッドライト
명 헤드라이트

エンジン
명 엔진

ボディ
명 본체

スタンド
명 스탠드

❶ **テールランプ** 명 테일 램프

❷ **マフラー** 명 배기음

❸ **ハンドル** 명 핸들

❹ **サスペンション** 명 (차량의)현가장치

❺ **トランスミッション** 명 (차량의)변속기

❻ **シフトレバー** 명 (차량의)변속 레버

フロントブレーキ
🕮 앞 브레이크

ウインカー
🕮 (차량의)깜박이

シート
🕮 좌석

こうりん
後輪
🕮 뒷바퀴

フットレスト
🕮 발판

ぜんりん
前輪
🕮 앞바퀴

❶ **バックミラー** 🕮 백미러
❷ **アップハンドル** 🕮 업핸들
❸ **ディスクローター** 🕮 디스크로터
❹ **ホイール** 🕮 휠
❺ **トレッドパターン** 🕮 트레드 패턴(타이어 표면의 홈 무늬)

♪ 142

- **メーター** 명 미터기
- **バッテリー** 명 배터리
- **クラッチ** 명 클러치
- **ギア** 명 기어
- **シリンダー** 명 실린더
- **エグゾースト** 명 배기가스
- **エンジンオイル** 명 엔진 윤활유
- **ギアオイル** 명 기어 오일
- **ブレーキオイル** 명 브레이크 오일
- **燃料** 명 연료
- **スタート** 명 시동
- **点火プラグ** 명 점화 플러그
- **実用性** 명 실용성
- **便利** 명 편리
- **部品** 명 부품
- **電気スクーター** 명 전기스쿠터
- **ゴム** 명 고무
- **運転免許証** 명 운전면허증

ガソリン
명 가솔린

ディーゼル発電機
명 디젤발전기

レンチ
명 스패너

ねじ回し
명 나사돌리개

ねじ
명 나사

ワイパー
명 와이퍼

더 알아보기

- **給油ノズル** 명 급유 노즐
- **軽油** 명 경유
- **ガスタンク** 명 가스탱크
- **燃料タンク** 명 연료탱크
- **給油する** 동 주유하다
- **バイオディーゼル** 명 바이오 디젤
- **ディーゼルエンジン** 명 디젤 엔진
- **ガソリン車** 명 가솔린 차
- **ディーゼル車** 명 디젤 차
- **電気自動車** 명 전기자동차
- **ホールカバー** 명 홀 커버
- **満タン** 명 가득 주유
- **半分** 명 반만 주유
- **ボンネット** 명 보닛
- **ラジエーター** 명 엔진 냉각기
- **洗車** 명 세차

❶ 監視カメラ 명 감시카메라
かん し

❷ 番号 명 번호
ばんごう

❸ 消火器 명 소화기
しょう か き

❹ 柱 명 기둥
はしら

❺ 給油ノズル 명 주유 노즐
きゅう ゆ

❻ セルフ給油 명 셀프 주유
きゅう ゆ

❼ 給油管 명 주유관
きゅう ゆ かん

❽ 駐車場 명 주차장
ちゅうしゃじょう

❾ 停車標識 명 정차 표시
ていしゃひょうしき

더 알아보기

- **洗車機** (せんしゃき) 명 세차기
- **エンスト** 명 엔진 고장
- **故障** (こしょう) 명 고장
- **景品** (けいひん) 명 경품
- **領収書** (りょうしゅうしょ) 명 영수증
- **現金** (げんきん) 명 현금
- **クレジットカード** 명 신용카드
- **ポンプ** 명 펌프
- **お手洗い** (てあらい) 명 화장실
- **ツールボックス** 명 공구함
- **禁煙** (きんえん) 명 금연
- **検査** (けんさ) 명 검사
- **安全性** (あんぜんせい) 명 안전성
- **注意** (ちゅうい) 명 주의
- **慎重** (しんちょう) 명 신중
- **維持** (いじ) 명 유지
- **不注意** (ふちゅうい) 명 부주의

교통

♪ 147

なみき
並木
명 가로수

とつめんきょう
凸面鏡
명 철면경

どうろ ひょうしき
道路標識
명 도로 표식

ベンチ
명 벤치

としょ
お年寄り
명 노인

かんばん
看板
명 간판

こうじちゅう
工事中
명 공사중

더 알아보기

- **カウントダウン信号機** 명 카운트다운 신호등
  <small>しんごう き</small>

- **信号無視** 명 신호 무시
  <small>しんごう む し</small>

- **飲酒運転** 명 음주운전
  <small>いんしゅうんてん</small>

- **ひき逃げ** 명 뺑소니
  <small>に</small>

- **アルコール検知器** 명 알코올 측정기
  <small>けん ち き</small>

- **違法横断** 명 무단횡단
  <small>い ほうおうだん</small>

- **自転車専用道路** 명 자동차 전용도로
  <small>じ てんしゃせんようどう ろ</small>

- **点字ブロック** 명 점자 블록
  <small>てん じ</small>

- **渋滞** 명 정체
  <small>じゅうたい</small>

- **三叉路** 명 삼거리
  <small>さん さ ろ</small>

- **袋小路** 명 막다른 골목
  <small>ふくろこう じ</small>

- **歩道橋** 명 육교
  <small>ほ どうきょう</small>

- **地下道** 명 지하도
  <small>ち か どう</small>

- **路地** 명 골목
  <small>ろ じ</small>

- **道** 명 길
  <small>みち</small>

- **消火栓** 명 소화전
  <small>しょう か せん</small>

- **電話ボックス** 명 전화 박스
  <small>でん わ</small>

- **タクシー乗り場** 명 택시 승강장
  <small>の ば</small>

교통

♪ 149

❶ 曲がる まがる 통 돌다

❷ 交差点 こうさてん 명 교차로

❸ 交通信号 こうつうしんごう 명 교통신호

❹ 歩道 ほどう 명 인도

❺ 駐停車禁止 ちゅうていしゃきんし 명 주차 금지

❻ 道路 どうろ 명 도로

❼ 横断歩道 おうだんほどう 명 횡단보도

❽ 停止線 ていしせん 명 정지선

❾ 信号 しんごう 명 신호

❿ 車線 しゃせん 명 차선

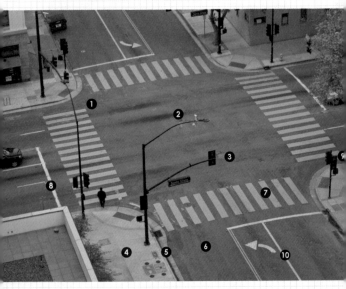

더 알아보기

- 抜け道 명 샛길
- 路線 명 노선
- 水溜り 명 웅덩이
- ガード 명 철교
- 穴 명 구멍
- 斜面 명 경사면
- 煉瓦 명 벽돌
- 迷子 명 미아
- マンホールの蓋 명 맨홀 뚜껑
- 転回 명 회전
- バック 명 후진
- 街灯 명 가로등
- 方向 명 방향
- 大通り 명 넓은 길

교통

う せつ
右折
명 우회전

さ せつ
左折
명 좌회전

いち じ てい し
一時停止
명 일시정지

いっぽうつうこう
一方通行
명 일방통행

みぎがわしゃせんすうげんしょう
右側車線数減少
명 우측차로 없어짐

ひだりがわしゃせんすうげんしょう
左側車線数減少
명 좌측차로 없어짐

どう ろ こう じ ちゅう
道路工事中
명 도로공사중

<ruby>道路封鎖<rt>どうろふうさ</rt></ruby>
명 도로봉쇄

<ruby>歩行者専用<rt>ほこうしゃせんよう</rt></ruby>
명 보행자전용

<ruby>信号機<rt>しんごうき</rt></ruby>あり
명 신호등 있음

교통

ロータリー
あり
명 로터리 있음

すべりやすい
명 미끄럼 주의

<ruby>踏<rt>ふ</rt></ruby>み<ruby>切<rt>き</rt></ruby>りあり
명 철로 건널목

<ruby>路面凹凸<rt>ろめんおうとつ</rt></ruby>あり
명 노면 고르지 못함

<ruby>大型乗用<rt>おおがたじょうよう</rt></ruby>
<ruby>自動車専用<rt>じどうしゃせんよう</rt></ruby>
명 대형차 전용

<ruby>分岐<rt>ぶんき</rt></ruby>
명 교차로

<ruby>双<rt>そう</rt>方<rt>ほう</rt>向<rt>こう</rt>道<rt>どう</rt>路<rt>ろ</rt></ruby>
双方向道路
명 2방향 통행

<ruby>飛<rt>ひ</rt>行<rt>こう</rt>機<rt>き</rt>注<rt>ちゅう</rt>意<rt>い</rt></ruby>
飛行機注意
명 비행기 주의

<ruby>最<rt>さい</rt>高<rt>こう</rt>速<rt>そく</rt>度<rt>ど</rt></ruby>
最高速度
명 최고 속도

<ruby>歩<rt>ほ</rt>行<rt>こう</rt>者<rt>しゃ</rt>注<rt>ちゅう</rt>意<rt>い</rt></ruby>
歩行者注意
명 횡단보도

<ruby>子<rt>こ</rt>供<rt>ども</rt>飛<rt>と</rt>び出<rt>だ</rt>し注<rt>ちゅう</rt>意<rt>い</rt></ruby>
子供飛び出し注意
명 어린이 보호

<ruby>駐<rt>ちゅう</rt>停<rt>てい</rt>車<rt>しゃ</rt>禁<rt>きん</rt>止<rt>し</rt></ruby>
駐停車禁止
명 주정차 금지

<ruby>進<rt>しん</rt>入<rt>にゅう</rt>禁<rt>きん</rt>止<rt>し</rt></ruby>
進入禁止
명 진입금지

<ruby>右<rt>う</rt>折<rt>せつ</rt>禁<rt>きん</rt>止<rt>し</rt></ruby>
右折禁止
명 우회전 금지

<ruby>左<rt>さ</rt>折<rt>せつ</rt>禁<rt>きん</rt>止<rt>し</rt></ruby>
左折禁止
명 좌회전 금지

たかせいげん
高さ制限
명 차 높이제한

らくせきちゅう い
落石注意
명 낙석주의

どうぶつちゅう い
動物注意
명 동물주의

교통

ちゅう い
トンネル注意
명 터널주의

き けん
危険
명 위험

てんかいきん し
転回禁止
명 유턴금지

しゃりょうしんにゅうきん し
車両進入禁止
명 진입금지

じ どうしゃつうこう ど
自動車通行止め
명 자동차 통행금지

きゅうめいどうい
救命胴衣
명 구명조끼

か もつせん
貨物船
명 화물선

パドル
명 패들

ふね
船
명 배

きゃくせん
客船
명 여객선

せんすいかん
潜水艦
명 잠수함

モーターボート
명 모터보트

帆船
<ruby>はんせん<rt></rt></ruby>
명 범선

船室
<ruby>せんしつ<rt></rt></ruby>
명 선실

船体
<ruby>せんたい<rt></rt></ruby>
명 선체

舵
<ruby>かじ<rt></rt></ruby>
명 (배의)키

操舵室
<ruby>そうだしつ<rt></rt></ruby>
명 조타실

漁船
<ruby>ぎょせん<rt></rt></ruby>
명 어선

海賊船
<ruby>かいぞくせん<rt></rt></ruby>
명 해적선

ホバークラフト
명 호버크라프트

♪ 157

❶ アンテナ 명 안테나

❷ 灯台 (とうだい) 명 등대

❸ 波 (なみ) 명 파도

❹ 海 (うみ) 명 바다

❺ 消波ブロック (しょう は) 명 소파블록

❻ 防波堤 (ぼう は てい) 명 방파제

❼ 岸辺 (きし べ) 명 바닷가

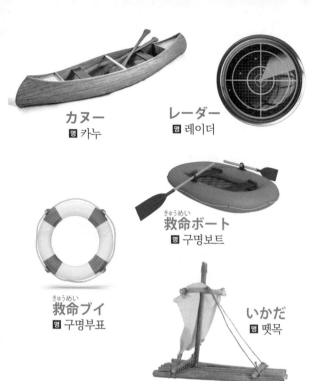

カヌー
명 카누

レーダー
명 레이더

<ruby>救命<rt>きゅうめい</rt></ruby>ボート
명 구명보트

<ruby>救命<rt>きゅうめい</rt></ruby>ブイ
명 구명부표

いかだ
명 뗏목

더 알아보기

- <ruby>砕氷船<rt>さいひょうせん</rt></ruby> 명 쇄빙선
- <ruby>駆逐艦<rt>くちくかん</rt></ruby> 명 구축함
- <ruby>海軍<rt>かいぐん</rt></ruby> 명 해군
- <ruby>港<rt>みなと</rt></ruby> 명 항구
- <ruby>埠頭<rt>ふとう</rt></ruby> 명 부두
- <ruby>潮汐<rt>ちょうせき</rt></ruby> 명 조석(조수의 간만)

じかようひこうき
自家用飛行機
명 개인용 비행기

りょかっき
旅客機
명 여객기

くうこう
空港シャトルバス
명 공항 셔틀버스

ヘリコプター
명 헬리콥터

き
ジェット機
명 제트기

きんぞくたんちき
金属探知機
명 금속탐지기

チケット
명 티켓

- **ターミナル** 명 터미널
- あんないじょ
  案内所 명 안내소
- りょうがえじょ
  両替所 명 외화환전소
- ぜいかん
  税関 명 세관
- うご   ほ どう
  動く歩道 명 무빙워크
- とうちゃく
  到着ロビー 명 도착 로비
- めんぜいてん
  免税店 명 면세점
- とうじょう
  搭乗ゲート 명 탑승 게이트
- かっそう ろ
  滑走路 명 활주로
- ちゃくりく
  着陸 명 착륙
- り りく
  離陸 명 이륙
- かっそう
  滑走する 동 활주하다
- の   つ
  乗り継ぐ 동 갈아타다
- まちあいしつ
  待合室 명 대합실
- **ラウンジ** 명 라운지
- しゅっこく
  出国 명 출국
- にゅうこく
  入国 명 입국
- みつ ゆ
  密輸 명 밀수

교통

❶ **出発ロビー** 명 출발 로비

❷ **天井** 명 천장

❸ **換気口** 명 환기구

❹ **スクリーン** 명 스크린

❺ **コンピュータ** 명 컴퓨터

❻ **チェックインカウンター** 명 체크인 카운터

❼ **ベルトコンベア** 명 벨트 컨베이어

❽ **カウンター** 명 카운터

❾ **タイル** 명 타일

- **ディレイ** 명 연착
- **荷物重量制限** 명 짐 중량 제한
- **礼拝堂** 명 예배실
- **授乳室** 명 수유실
- **便名** 명 편명
- **トランジット** 명 비행기 경유
- **申告** 명 신고
- **割れ物** 명 깨지기 쉬운 물건
- **行き先** 명 목적지
- **受託** 명 위탁수화물
- **スケール** 명 저울질
- **泊まり** 명 숙박
- **ボーディングパス** 명 보딩패스
- **搭乗口** 명 탑승구
- **手数料** 명 수수료
- **ビザ** 명 비자
- **旅行会社** 명 여행사
- **申込書** 명 신청서
- **締め切り** 명 마감
- **放送** 명 방송

교통

き ちょう
機長
명 기장

もう ふ
毛布
명 담요

きゃくしつじょう む いん
客室乗務員
명 객실승무원

めんぜいひん
免税品
명 면세품

よ ど
酔い止め
명 멀미약

き ないしょく
機内食
명 기내식

더 알아보기

- 機内トイレ 명 기내 화장실
- 酸素マスク 명 산소마스크
- 機内ロッカー 명 기내보관함
- 折りたたみテーブル 명 접이식 테이블
- 窓側席 명 창쪽 좌석
- 通路側席 명 통로쪽 좌석
- ファーストクラス 명 퍼스트 클래스
- ビジネスクラス 명 비즈니스 클래스
- エコノミークラス 명 이코노미 클래스
- 客室 명 객실
- プロペラ 명 프로펠러
- フライトレコーダー 명 비행 기록 장치
- 商品カタログ 명 상품 카탈로그
- 副操縦士 명 부조종사
- ビザ 명 비자
- 受託手荷物 명 위탁 수화물
- 機内持ち込み手荷物 명 기내 수화물
- 飛行機酔い 명 비행기 멀미

非常口
ひ じょうぐち

명 비상구

パスポート

명 여권

ボトル
ウォーター

명 생수병

ヘッドホン

명 헤드폰

エチケット袋
ぶくろ

명 에티켓 봉투

プラスチック
製ボウル
せい

명 플라스틱 그릇

プラスチック
製コップ
せい

명 플라스틱 컵

❶ ターミナル 명 터미널

❷ ドッキング 명 도킹

❸ 翼(つばさ) 명 날개

❹ タービン 명 터빈

❺ ドア 명 문

❻ 航空機の窓(こうくうき まど) 명 비행기 창문

❼ コックピット 명 비행기 조종실

❽ ボーディングブリッジ 명 보딩 브리지

교통

Part 1
매일 마주하는 일상

ホテル

호텔

Unit 5-1 호텔 시설

Unit 5-2 숙박

ポーター
명 (호텔의)포터

警備員
명 경비원

客室清掃係
명 객실청소원

鍵
명 열쇠

**コンビネーション
ロック**
명 자물쇠

レシート
명 영수증

- **スパ** 몡 SPA
- **プール** 몡 수영장
- **卓球ルーム** 몡 탁구룸
<small>たっきゅう</small>
- **ビリヤードルーム** 몡 당구장
- **ボウリングルーム** 몡 볼링장
- **ゲームコーナー** 몡 게임 코너
- **スチームサウナ** 몡 스팀 사우나
- **キッズコーナー** 몡 퀴즈 코너
- **ジム** 몡 헬스장
- **屋外プール** 몡 실외 수영장
<small>おくがい</small>
- **コインランドリー** 몡 코인세탁
- **展望台** 몡 전망대
<small>てんぼうだい</small>
- **サウナ** 몡 사우나
- **医務室** 몡 의무실
<small>い む しつ</small>
- **バー** 몡 바
- **ガイド** 몡 가이드
- **マネージャー** 몡 매니저
- **クレーム** 몡 불만, 이의 제기

❶ **シニョン** 명 시뇽(서양식으로 틀어 올린 머리)

❷ **フロントスタッフ** 명 프론트 종업원

❸ **フロント** 명 프론트

❹ **盆栽** (ぼんさい) 명 화분

❺ **ワイシャツ** 명 와이셔츠

❻ **ブレザー** 명 블레이저

❼ **屋外** (おくがい) 명 실외

❽ **サテン素材** (そざい) 명 새틴 소재

❾ **スーツケース** 명 여행 가방

❿ **ハンドバッグ** 명 핸드백

- <ruby>領収書<rt>りょうしゅうしょ</rt></ruby> 명 영수증
- <ruby>予約<rt>よやく</rt></ruby>サイト 명 예약사이트
- テラス 명 테라스
- レストラン 명 레스토랑
- アウトドア 명 야외
- <ruby>顧客<rt>こきゃく</rt></ruby> 명 고객
- <ruby>家族旅行<rt>かぞくりょこう</rt></ruby> 명 가족여행
- <ruby>新婚旅行<rt>しんこんりょこう</rt></ruby> 명 신혼여행
- <ruby>卒業旅行<rt>そつぎょうりょこう</rt></ruby> 명 졸업여행
- <ruby>慰安旅行<rt>いあんりょこう</rt></ruby> 명 회사 야유회
- シャンデリア 명 샹들리에
- <ruby>戸当<rt>とあ</rt></ruby>たり 명 도어 스톱
- <ruby>階<rt>かい</rt></ruby> 명 계단
- スタッフ 명 스태프
- <ruby>取<rt>と</rt></ruby>っ<ruby>手<rt>て</rt></ruby> 명 손잡이
- <ruby>横顔<rt>よこがお</rt></ruby> 명 옆 얼굴
- クロークルーム 명 물품 보관소
- ギフトショップ 명 기프트 숍
- <ruby>伝票<rt>でんぴょう</rt></ruby> 명 전표

호텔

しゅくはくきゃく
宿泊客
명 숙박객

ないせん
内線
명 (전화)내선

かんこうきゃく
観光客
명 관광객

りょこうしゃ
旅行者
명 여행자

バスローブ
명 배스로브
(목욕 가운)

- **ルームサービス** 명 룸서비스
- **カプセルホテル** 명 캡슐호텔
- **チェックイン** 명 체크인
- **チェックアウト** 명 체크아웃
- **シングル** 명 싱글룸
- **ダブル** 명 더블룸(침대 한 개)
- **ツイン** 명 트윈룸(침대 두 개)
- **トリプル** 명 트리플룸
- **四人部屋** 명 4인용 방
- **スイートルーム** 명 스위트룸
- **ロビー** 명 로비
- **客室清掃** 명 객실 청소
- **フロント** 명 프론트
- **ツアー団体** 명 단체 여행
- **出張** 명 출장
- **カードキー** 명 카드 키
- **部屋番号** 명 방 번호
- **ビュールーム** 명 경치가 보이는 방
- **階段** 명 계단
- **エレベーター** 명 엘레베이터

호텔

❶ シャンデリア 🅜 샹들리에

❷ カーデン 🅜 커튼

❸ ベッドサイドランプ 🅜 침대 옆 전등

❹ 寝椅子 🅜 누워 잘 수 있게 만든 의자

❺ ティーテーブル 🅜 티 테이블

❻ シルク布団 🅜 실크 이불

❼ キングベッド 🅜 킹사이즈 베드

❽ オットマン 🅜 (등받이가 없는)소파

❾ サイドテーブル 🅜 사이드 테이블

マスターキー
명 마스터 키

<ruby>壁掛<rt>かべか</rt></ruby>けテレビ
명 벽걸이 텔레비전

カーペット
명 카페트

ジャグジー
명 자쿠지

<ruby>浴槽<rt>よくそう</rt></ruby>
명 욕조

더 알아보기

- **エスカレーター** 명 에스컬레이터
- **チップ** 명 팁
- <ruby>宴会場<rt>えんかいじょう</rt></ruby> 명 연회장
- **サービス料** 명 서비스료
- <ruby>空室<rt>くうしつ</rt></ruby> 명 공실(비어있는 방)
- <ruby>満室<rt>まんしつ</rt></ruby> 명 만실
- <ruby>抱<rt>だ</rt></ruby>き<ruby>枕<rt>まくら</rt></ruby> 명 안는 베개(바디 필로우)

Part 1
매일 마주하는
일상

住まい
す

주거

ぼうし か
帽子掛け
명 모자걸이

すいそう
水槽
명 수조

はいざら
灰皿
명 재떨이

タバコ
명 담배

テーブルクロス
명 식탁보

ばこ
マッチ箱
명 성냥

コンセント
명 전기 콘센트

磁器
じ き
명 자기

電球
でんきゅう
명 전구

陶器
とう き
명 토기

箒
ほうき
명 비
(빗질하는
도구)

塵取り
ちり と
명 쓰레받기

空気清浄機
くう き せいじょう き
명 공기청정기

モップ
명 자루가
달린 걸레

カギ
명 열쇠

スマートフォン
명 스마트폰

めんぼう
綿棒
명 면봉

フォトフレーム
명 액자

マグカップ
명 머그잔

つめ き
爪切り
명 손톱깍기

裁縫セット
_{さいほう}
명 재봉세트

ローソク
명 양초

延長コード
_{えんちょう}
명 멀티탭

ドアチャイム
명 초인종

주거

爪楊枝
_{つまようじ}
명 이쑤시개

針
_{はり}
명 바늘

더 알아보기

- **水漏れ** 명 누수
  _{みずも}
- **窓台** 명 창 턱
  _{まどだい}
- **あぶらとり紙** 명 기름종이
  _{がみ}

リモコン
명 리모콘

テレビ
명 텔레비전

ソファ
명 소파

ソファベッド
명 소파 베드

シングルソファ
명 싱글 소파

三人掛けソファ
さんにん が
명 3인용 소파

コーヒーテーブル
명 커피 테이블

花瓶
_{か びん}
명 꽃병

絨毯
_{じゅうたん}
명 융단

エアコン
명 에어콘

靴箱
_{くつばこ}
명 신발장

絵
え
명 그림

雑誌
ざっし
명 잡지

時計
とけい
명 시계

ゴミ箱
ばこ
명 쓰레기통

鉢植え
はちうえ
명 화분

カーテン
명 커튼

**キャリア
ウーマン**
명 커리어우먼

ロッキングチェア
명 흔들의자

靴べら
<ruby>靴<rt>くつ</rt></ruby>べら
명 구둣주걱

暖炉
<ruby>暖<rt>だん</rt></ruby><ruby>炉<rt>ろ</rt></ruby>
명 화로

주거

寝椅子
<ruby>寝<rt>ね</rt></ruby><ruby>椅<rt>い</rt></ruby><ruby>子<rt>す</rt></ruby>
명 누워 잘 수 있게
만든 의자

懐中電灯
<ruby>懐中電灯<rt>かいちゅうでんとう</rt></ruby>
명 손전등

ライター
명 라이터

シーリングファン
명 실링팬

**シングル
ベッド**
명 싱글 베드

ダブルベッド
명 더블 베드

にだん
二段ベッド
명 2층 침대

ほんだな
本棚
명 책장

つくえ
机
명 책상

たんす
명 서랍장

ひ　だ
引き出し
명 서랍

枕
명 베개

棚
명 선반

全身鏡
명 전신거울

目覚まし時計
명 알람시계

シーツ
명 시트

化粧台
명 화장대

スリッパ
명 슬리퍼

収納箱
名 수납박스

電気スタンド
名 전기 스탠드

椅子
名 의자

充電ケーブル
名 충전 케이블

モバイルバッテリー
名 보조 배터리

スクリーン
名 스크린

パソコン本体
名 컴퓨터 본체

キーボード
名 키보드

マウス
名 마우스

羽毛布団
명 솜털 이불

주거

ベッドサイドテーブル
명 침대 협탁

綿布団
명 이불솜

デンタルフロス
명 치실

더 알아보기

- **ベッド** 명 침대
- **畳** 명 다다미
- **押入れ** 명 (일본식) 벽장
- **寝具** 명 침구
- **壁** 명 벽

Unit 6-4

주거

욕실
よくしつ
浴室

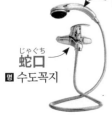

シャワーヘッド
명 샤워헤드

じゃぐち
蛇口
명 수도꼭지

べんき
便器
명 변기

よくそう
浴槽
명 욕조

せっけん
명 비누

シャンプー
명 샴푸

ボディシャンプー
명 바디워시

せんがん
洗顔
フォーム
명 세안폼

バスマット
명 욕실용 매트

歯ブラシ
명 칫솔

歯磨きペースト
명 치약

タオル
명 타올

うがい用コップ
명 가글용 컵

ティッシュペーパー
명 티슈페이퍼

マウスウォッシュ
명 가글

バスタオル
명 수건

주거

♪ 193

ハンドソープ
图 핸드워시

バスボール
图 샤워볼

電気カミソリ
图 전기면도기

ゴム栓
图 고무마개

ドライヤー
图 드라이어

ヘアカーラー
图 헤어 아이론

トイレブラシ
图 화장실 브러시

ストレートアイロン
图 스트레이트 아이론

生理用ナプキン
<ruby>生<rt>せい</rt></ruby><ruby>理<rt>り</rt></ruby><ruby>用<rt>よう</rt></ruby>
명 생리대

櫛
<ruby>櫛<rt>くし</rt></ruby>
명 빗

タンポン
명 탐폰

糸ようじ
<ruby>糸<rt>いと</rt></ruby>
명 일회용 치실

お風呂用洗剤
<ruby>風<rt>ふ</rt></ruby><ruby>呂<rt>ろ</rt></ruby><ruby>用<rt>よう</rt></ruby><ruby>洗剤<rt>せんざい</rt></ruby>
명 목욕탕 세제

주거

더 알아보기

- **シャワールーム** **명** 샤워룸
- **タイル** **명** 타일
- **お風呂に入る** **관** 목욕하다
  <ruby>風<rt>ふ</rt></ruby><ruby>呂<rt>ろ</rt></ruby><ruby>入<rt>はい</rt></ruby>
- **お湯** **명** 더운 목욕물
  <ruby>湯<rt>ゆ</rt></ruby>
- **水** **명** 냉수
  <ruby>水<rt>みず</rt></ruby>

ハンガー
명 옷걸이

^{いと}
糸
명 실

^{せんたく き}
洗濯機
명 세탁기

^{せんざい}
洗剤
명 세제

はさみ
명 가위

^{かんそう き}
乾燥機
명 건조기

アイロン台（だい）
图 다리미 판

洗濯ネット（せんたく）
图 세탁망

アイロン
图 다리미

液体洗剤（えきたいせんざい）
图 액체 세제

巻尺（まきじゃく）
图 줄자

液体漂白剤（えきたいひょうはくざい）
图 액체 표백제

柔軟剤（じゅうなんざい）
图 유연제

♪ 197

せんたくもの
洗濯物
명 세탁물

せんたく
洗濯かご
명 세탁 바구니

ラタンバスケット
명 라탄 바구니

せんたく
洗濯バサミ
명 세탁 집게

ぬいぐるみ
명 인형

はいすいこう
排水口
명 배수구

もの ほ
物干しスタンド
명 세탁 건조대

テディベア
명 테디베어

ドラム式洗濯機
しきせんたくき

명 드럼식 세탁기

タブレット洗剤
せんざい

명 태블릿 세제

毛玉取り器
けだまとき

명 보풀 제거기

漂白剤
ひょうはくざい

명 표백제

縦型洗濯機
たてがたせんたくき

명 일반 세탁기

더 알아보기

- 脱水 명 탈수
  だっすい
- 抗菌 명 향균
  こうきん

- ダニ 명 진드기

- コインランドリー 명 코인세탁

주거

♪ 199

ちょうみりょう
調味料
명 조미료

どなべ
土鍋
명 뚝배기 냄비

なべ
鍋
명 냄비

ふかなべ
深鍋
명 찜기

フライパン
명 프라이팬

ようなべ
スープ用鍋
명 스프용 냄비

オーブン
명 오븐

ざら
オーブン皿
명 오븐팬

電子レンジ
명 전자레인지

コップ
명 유리잔

マグカップ
명 머그컵

フライパン
명 프라이팬

주거

ガスコンロ
명 가스레인지

カップ
명 컵

食器洗い機
명 식기세척기

♪ 201

包丁
_{ほうちょう}
명 식칼

皿
_{さら}
명 접시

お椀
_{わん}
명 그릇

ミトン
명 오븐장갑

電気ポット
_{でん き}
명 전기 포트

キッチンペーパー
명 키친 페이퍼

果物ナイフ
_{くだもの}
명 과도

鍋敷き
_{なべ し}
명 냄비
받침대

換気扇
かんきせん
명 환기팬

配水管
はいすいかん
명 배수관

炊飯器
すいはんき
명 전기 밥통

雑巾
ぞうきん
명 걸레

テーブル
명 테이블

まな板
いた
명 도마

椅子
いす
명 의자

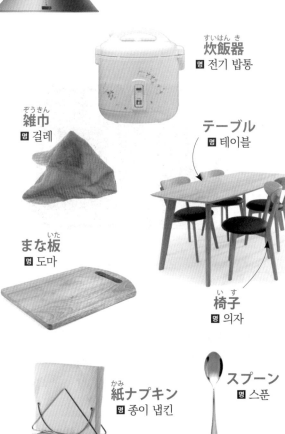

紙ナプキン
かみ
명 종이 냅킨

スプーン
명 스푼

♪ 203

こうぐばこ
工具箱
명 공구 상자

レンチ
명 렌치

おおがた
大型カッターナイフ
명 대형 커터칼

じょうぎ
定規
명 줄자

ペンチ
명 펜치

ドライバ
명 드라이버

のこぎり
명 톱

ヤスリ
명 줄톱

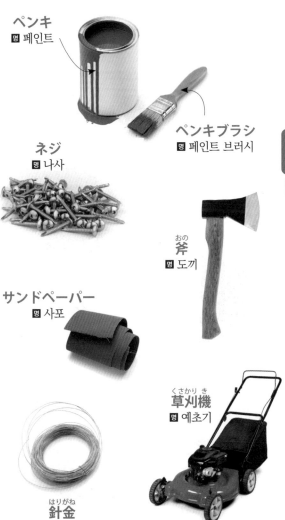

ペンキ
명 페인트

ペンキブラシ
명 페인트 브러시

ネジ
명 나사

おの
斧
명 도끼

サンドペーパー
명 사포

くさかり き
草刈機
명 예초기

はりがね
針金
명 철사

かま
鎌
명 낫

だいしゃ
台車
명 밀차

レンガ
명 벽돌

くわ
명 괭이

コード
명 코드

ハシゴ
명 사다리

スレート
명 슬레이트

コンクリート
명 콘크리트

肥料
ひ りょう

명 비료

木板
き いた

명 목판

発電機
はつ でん き

명 발전기

주거

더 알아보기

- **配管** はいかん **명** 배관
- **作業台** さ ぎょうだい **명** 작업대
- **ほこり** **명** 먼지
- **木造** もく ぞう **명** 목조
- **ハンマー** **명** 망치

でんき
電気カーペット
명 전기장판

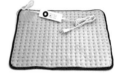

ホームシアター
명 홈 시어터

でんき
電気ストーブ
명 전기난로

プロジェクター
명 프로젝터

れいぞうこ
冷蔵庫
명 냉장고

おんきょうきき
音響機器
명 음향기기

♪ 208

ミキサー
명 믹서

ミシン
명 재봉틀

コーヒーメーカー
명 커피 메이커

ウォーターサーバー
명 정수기

浄水器
명 정수기

掃除機
명 청소기

♪ 209

扇風機
せんぷうき
図 선풍기

電撃殺虫ラケット
でんげきさっちゅう
図 전기 살충기

電子蚊取り
でんしかとり
図 전기 모기약

加湿器
かしつき
図 가습기

除湿機
じょしつき
図 제습기

火災感知器
かさいかんちき
図 화재감지기

殺虫灯
<ruby>殺虫灯<rt>さっちゅうとう</rt></ruby>
명 살충등

<ruby>電話<rt>でんわ</rt></ruby>
명 전화

コードレス電話
<ruby>電話<rt>でんわ</rt></ruby>
명 무선전화

<ruby>耳式体温計<rt>みみしきたいおんけい</rt></ruby>
명 체온기

<ruby>充電器<rt>じゅうでんき</rt></ruby>
명 충전기

<ruby>電気泡立て器<rt>でんきあわだてき</rt></ruby>
명 전동 휘핑기

ロボット掃除機
<ruby>掃除機<rt>そうじき</rt></ruby>
명 로봇 청소기

ラップ
명 랩

かわ き
皮むき器
명 껍질 벗기는 도구

だいどころよう
台所用スポンジ
명 주방용 스펀지

チーズグレーター
명 치즈를 가는 강판

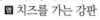

エプロン
명 앞치마

せん ぬ
栓抜き
명 병따개

かん き
缶切り
명 캔따개

べんとうばこ
弁当箱
명 도시락통

オルゴール
명 오르골

<ruby>計<rt>けい</rt></ruby><ruby>算<rt>さん</rt></ruby><ruby>機<rt>き</rt></ruby>
명 계산기

<ruby>贈<rt>おく</rt></ruby>り<ruby>物<rt>もの</rt></ruby>
명 선물

<ruby>貯<rt>ちょ</rt></ruby><ruby>金<rt>きん</rt></ruby><ruby>箱<rt>ばこ</rt></ruby>
명 저금통

<ruby>魔<rt>ま</rt></ruby><ruby>法<rt>ほう</rt></ruby><ruby>瓶<rt>びん</rt></ruby>
명 보온병

<ruby>燭<rt>しょく</rt></ruby><ruby>台<rt>だい</rt></ruby>
명 촛대

<ruby>線<rt>せん</rt></ruby><ruby>香<rt>こう</rt></ruby>
명 선향

キーホルダー
명 키홀더

♪213

エッセンシャル
オイル
명 에센셜 오일

リサイクル
ボックス
명 재활용 쓰레기통

セロテープ
명 셀로판테이프

香_{かお}り袋_{ぶくろ}
명 향주머니

ガムテープ
명 접착테이프

変換_{へんかん}プラグ
명 변환 플러그

付箋_{ふせん}
명 포스트잇

ドライフラワー
명 드라이플라워

Important!

コンタクト用<ruby>食塩水<rt>しょくえんすい</rt></ruby>
<ruby>用<rt>よう</rt></ruby>
명 콘택트용 식염수

レンズケース
명 렌즈 케이스

<ruby>栞<rt>しおり</rt></ruby>
명 책갈피

<ruby>日<rt>ひ</rt></ruby>めくり
명 일일 달력

주거

<ruby>紙<rt>かみ</rt></ruby>コップ
명 종이컵

コンタクトレンズ
명 콘택트렌즈

<ruby>家庭用救急箱<rt>かていようきゅうきゅうばこ</rt></ruby>
명 가정용 구급상자

メガネケース
명 안경케이스

メガネ<ruby>拭<rt>ふ</rt></ruby>き
명 안경닦이

メガネ
명 안경

♪215

<ruby>漬<rt>つ</rt></ruby>ける
图 절이다

スライスする
图 얇게 썰다

더 알아보기

- <ruby>炒<rt>いた</rt></ruby>め<ruby>焼<rt>や</rt></ruby>きする 图 볶고 굽다
- <ruby>煮<rt>に</rt></ruby>る 图 익히다
- <ruby>炒<rt>いた</rt></ruby>める 图 볶다
- <ruby>揚<rt>あ</rt></ruby>げる 图 튀기다
- <ruby>蒸<rt>む</rt></ruby>す 图 찌다
- <ruby>焼<rt>や</rt></ruby>く 图 굽다
- <ruby>皮<rt>かわ</rt></ruby>を<ruby>剥<rt>む</rt></ruby>く 판 껍질을 벗기다
- <ruby>炙<rt>あぶ</rt></ruby>る 图 말리다
- <ruby>煮込<rt>にこ</rt></ruby>む 图 푹 삶다
- とろ<ruby>火<rt>び</rt></ruby>で<ruby>煮込<rt>にこ</rt></ruby>む 판 약불로 푹 끓이다
- <ruby>直火<rt>じかび</rt></ruby>で<ruby>焼<rt>や</rt></ruby>く 图 불에 직접 굽다

- **醤油で煮しめる** 〔관〕 간장에 절이다
- **燻す** 〔통〕 그을리다
- **擂る** 〔통〕 빻다
- **こねる** 〔통〕 반죽하다
- **かき混ぜる** 〔통〕 뒤섞다
- **千切りにする** 〔관〕 채를 치다
- **サイコロ状に切る** 〔관〕 깍둑썰기 하다
- **つけダレ** 〔명〕 양념장
- **切る** 〔통〕 자르다
- **つま切りにする** 〔관〕 토막을 내다
- **包む** 〔통〕 포장하다
- **振り掛ける** 〔통〕 뿌리다
- **解凍する** 〔통〕 해동하다
- **湯通しする** 〔통〕 데치다
- **鱗を取る** 〔관〕 비늘을 제거하다
- **水を切る** 〔관〕 물기를 없애다
- **裏返す** 〔통〕 뒤집다
- **浸す** 〔통〕 (액체에)담그다
- **押し潰す** 〔통〕 으깨다
- **微塵切りにする** 〔관〕 잘게 다지다

주
거

Part 1
매일 마주하는 일상

スポーツ

운동

운동

농구
バスケットボール

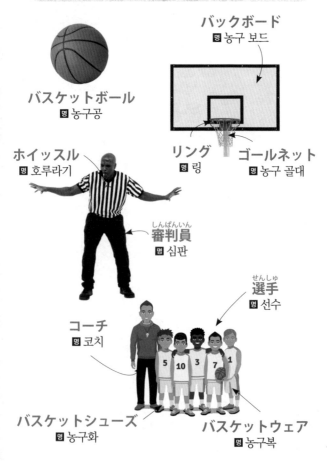

バックボード
명 농구 보드

バスケットボール
명 농구공

リング
명 링

ゴールネット
명 농구 골대

ホイッスル
명 호루라기

しんぱんいん
審判員
명 심판

せんしゅ
選手
명 선수

コーチ
명 코치

5 10 3 7 1

バスケットシューズ
명 농구화

バスケットウェア
명 농구복

パス
🅝 패스

ダブルチーム
🅝 더블 팀

ダンクシュート
🅝 덩크슛

ブロックショット 🅝 블로킹

アンスポ
🅝 언스포츠맨
라이크파울
(인텐셔널 파울)

ドリブル
🅝 트래블링

ディフェンス
🅝 디펜스

スウィッシュ
🅝 스위셔

ほ けつせんしゅ
補欠選手
🅝 보결 선수

♪ 221

スリーポイントライン
명 쓰리포인트 라인

コート
명 농구장

ペイントエリア
명 페인트존

フリースローライン
명 프리 스로 라인

ベースライン
명 베이스 라인

더 알아보기

- **ツーポイントシュート** 명 2 포인트 슛
- **スリーポイントシュート** 명 3 포인트 슛
- **エアボール** 명 에어볼
- **アシスト** 명 어시스트
- **バンクシュート** 명 백슛
- **ビハインドバック** 명 비하인드백드리블

スコアボード
명 스코어보드

ホーム
명 홈

アウェイ
명 어웨이

ピリオド
명 피리어드

ショットクロック
명 샷클락

ファウル
명 파울

에피소드

더 알아보기

- **ボックスアウト** 명 박스 아웃
- **ブザービーター** 명 버저 비트
- **フェイク** 명 페이크
- **ファウルアウト** 명 파울 아웃
- **アウトオブバウンズ** 명 아웃 오브 바운즈
- **タイムアウト** 명 타임 아웃

♪ 223

野球帽
や きゅうぼう
명 야구 모자

野球
や きゅう
명 야구공

チアリーダー
명 치어리더

ヒット
명 안타

胸当て
むね あ
명 가슴 보호대

盗塁
とうるい
명 도루

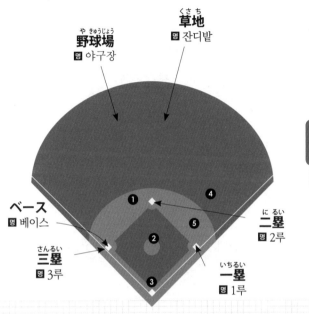

野球場 ⟨やきゅうじょう⟩
명 야구장

草地 ⟨くさち⟩
명 잔디밭

ベース
명 베이스

三塁 ⟨さんるい⟩
명 3루

二塁 ⟨にるい⟩
명 2루

一塁 ⟨いちるい⟩
명 1루

❶ **内野** ⟨ないや⟩ 명 내야

❷ **マウンド** 명 마운드

❸ **ホームベース** 명 홈베이스

❹ **外野** ⟨がいや⟩ 명 외야

❺ **クレイ** 명 클레이

❶ 主審 〔しゅしん〕 명 주심

❷ 防具 〔ぼうぐ〕 명 보호구

❸ バット 명 야구 배트

❹ 野球ヘルメット 〔やきゅう〕 명 야구 헬멧

❺ ホームラン 명 홈런

❻ キャッチャー 명 포수

❼ グローブ 명 야구 글러브

❽ 野球ユニフォーム 〔やきゅう〕 명 야구 유니폼

❾ スパイクシューズ 명 스파이크화

더 알아보기

- **スタンド** 명 계단식 관람석
- **犠打** (ぎだ) 명 (야구의)희생타
- **ストライク** 명 스트라이크
- **ボール** 명 투구
- **三振** (さんしん) 명 삼진
- **デッドボール** 명 데드 볼
- **フォアボール** 명 사구(四球), 포 볼
- **ピッチャー** 명 투수
- **ライト** 명 우익수
- **レフト** 명 좌익수
- **センター** 명 중견수
- **ショート** 명 유격수
- **暴投** (ぼうとう) 명 폭투
- **アウト** 명 아웃
- **満塁** (まんるい) 명 만루
- **満塁ホームラン** (まんるい) 명 만루 홈런
- **エラー** 명 실책
- **牽制球** (けんせいきゅう) 명 견제구
- **三冠王** (さんかんおう) 명 삼관왕
- **完封** (かんぷう) 명 완봉
- **救援投手** (きゅうえんとうしゅ) 명 구원투수

シュート
명 슛

オーバーヘッドキック
명 오버헤드 킥

ディフェンダー
명 디펜더

フォワード
명 포워드

ミッドフィルダー
명 미드필더

センターライン
명 센터 라인

ペナルティエリア
명 패널티 에어리어

サイドライン
명 사이드 라인

センターマーク
명 센터 마크

ペナルティマーク
명 패널티 마크

コーチ
명 코치

レッドカード
명 레드 카드

イエローカード
명 옐로우 카드

ホイッスル
명 호루라기

チーム
명 팀

せんしん
線審
명 선심

キャプテン
명 주장

チームメンバー
명 팀 구성원

❶ サッカーフィールド 명 축구장

❷ ゴール 명 골

❸ サッカー選手 명 축구 선수

❹ ゴールキーパー 명 골키퍼

❺ 背番号入りTシャツ 명 등번호가 박힌 T셔츠

❻ キック 명 킥

❼ 芝生 명 잔디밭

❽ サッカーユニフォーム 명 축구 유니폼

❾ スパイクシューズ 명 스파이크화

- **延長戦** ^{えんちょうせん} 명 연장전
- **テスティモニアル** 명 테스티모니얼 광고
- **ハットトリック** 명 해트 트릭
- **ダイビング** 명 다이빙(패스)
- **無観客試合** ^{む かんきゃく じ あい} 명 무관중 시합
- **スローイン** 명 스로인(라인 밖으로 나간 공을 경기장 안으로 던져 넣는 일)
- **ロスタイム** 명 로스 타임(선수의 부상 등으로 경기가 중단된 시간)
- **サドンデス** 명 서든 데스(연장전에 들어가 어느 한 팀이 먼저 득점하면 경기가 끝나는 방식)
- **ミッドフィールド** 명 미드필드
- **バックフィールド** 명 백필드
- **キックオフ** 명 킥오프
- **オウンゴール** 명 자살골
- **ホームアンドアウェイ** 명 홈 앤드 어웨이
- **オフサイド** 명 오프사이드
- **フリーキック** 명 프리킥
- **ゴールキック** 명 골킥
- **コーナーキック** 명 코너킥
- **ワールドカップ** 명 월드컵

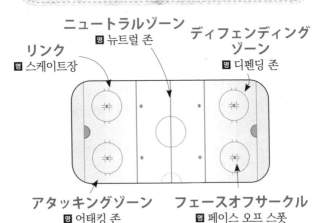

ニュートラルゾーン
명 뉴트럴 존

ディフェンディング
ゾーン
명 디펜딩 존

リンク
명 스케이트장

アタッキングゾーン
명 어태킹 존

フェースオフサークル
명 페이스 오프 스폿

ホッケーゴーリー
マスク
명 하키 골리 마스크

ヘルメット
명 헬멧

ホッケーの
しんぱんいん
審判員
명 하키 심판

ストライプ
명 스트라이프

インライン
スケート
명 인라인 스케이트

♪ 232

❶ リンクフェンス 명 링크 펜스

❷ 監督 명 감독

❸ 解説 명 해설

❹ 作戦 명 작전

❺ 作戦ボード 명 작전판

❻ ネット 명 네트

❼ ヘルメット 명 헬멧

❽ 背番号 명 등번호

❾ グローブ 명 하키 글러브

운동

♪ 233

① **観客席**（かんきゃくせき）📖 관객석

② **ホッケープレーヤー** 📖 하키 선수

③ **ホッケーゴール** 📖 하키 골대

④ **アイスホッケー** 📖 아이스 하키

⑤ **防具**（ぼうぐ）📖 보호구

⑥ **ホッケーユニフォーム** 📖 하키 유니폼

⑦ **ホッケー** 📖 하키

⑧ **スティック** 📖 스틱

⑨ **スケートリンク** 📖 스케이트링크

⑩ **アイススケート靴**（くつ）📖 아이스 스케이트화

♪ 234

- **ファーストピリオド** 명 1 피리어드
- **セカンドピリオド** 명 2 피리어드
- **サードピリオド** 명 3 피리어드
- **ロングコーナー** 명 롱 코너
- **ペナルティコーナー** 명 패널티 코너
- **パーソナルファウル** 명 퍼스널 파울
- **バッティングシュート** 명 배팅 슛
- **ゴーリー** 명 골리
- **ウィンガー** 명 윙어
- **センターマン** 명 센터맨
- **ディフェンスガード** 명 디펜스(수비수)
- **スティックチェッキング** 명 스틱 체킹
- **インドアホッケー** 명 실내 하키
- **ペナルティーショット** 명 패널티 슛
- **攻撃側** 명 공격측
  <ruby>こうげきがわ</ruby>
- **守備側** 명 수비측
  <ruby>しゅびがわ</ruby>
- **新人** 명 신입
  <ruby>しんじん</ruby>
- **ホームチーム** 명 홈팀
- **アウェイチーム** 명 어웨이팀
- **ホームアドバンテージ** 명 홈 어드밴티지

운동

バレーボール
명 배구

アンダーハンドパス
명 언더핸드 패스

トス
명 토스

セッター
명 센터

オーバー
ハンドパス
명 오버핸드 패스

オーバー
ハンドサーブ
명 오버핸드
서브

スパイクレシーブ
명 스트로크 리시브

サイン

명 사인

湿布
しっぷ
명 습포

スポーツボトル
명 스포츠 물병

スポーツタオル
명 스포츠 타올

ウォーム
アップ
명 웜업

スポーツソックス
명 스포츠 양말

膝サポーター
ひざ
명 무릎 보호대

- **アウト** 명 아웃
- **ウイングスパイカー** 명 윙스파이커
- **オポジット** 명 오퍼지트
- **リベロ** 명 리베로
- **フリースパイク** 명 프리 스파이크
- **レシーブ** 명 리시브
- **ドロップ** 명 드롭
- **オーバーネット** 명 오버 네트
- **タッチネット** 명 터치 네트
- けいこく
  警告 명 경고
- **フォーメーション** 명 포메이션
- **ビーチバレー** 명 비치발리볼
- しゅ び
  守備 명 수비
- こうげき
  攻撃 명 공격
- **ブロック** 명 블로킹
- **バックアタック** 명 백어택
- **フリーゾーン** 명 프리존
- くう き い
  空気入れ 명 공기주입기
- とくてん
  得点 명 득점
- おうえんだん
  応援団 명 응원단

운동

Unit 7-6 | 운동 테니스
テニス

テニスキャップ
명 테니스 캡

リストバンド
명 손목 밴드

シングルス
명 단식전

テニス
명 테니스

トレーニング ショートパンツ
명 트레이닝 짧은 팬츠

テニスラケット
명 테니스 라켓

テニス選手
명 테니스 선수

スポーツ シューズ
명 스포츠화

フォアハンド
명 포어핸드

バックハンド
명 백핸드

ダブルス
명 복식 시합

テニスコート
명 테니스 코트

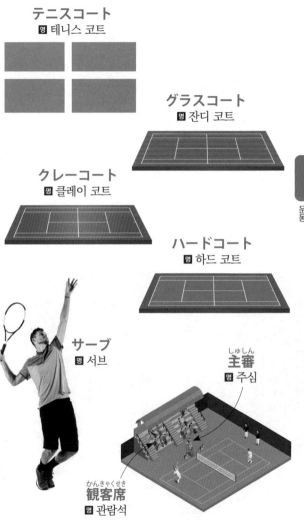

グラスコート
명 잔디 코트

クレーコート
명 클레이 코트

ハードコート
명 하드 코트

サーブ
명 서브

しゅしん
主審
명 주심

かんきゃくせき
観客席
명 관람석

① テニスキャップ 명 테니스 캡

② ヘアバンド 명 헤어 밴드

③ ポニーテール 명 포니테일

④ テニスコート 명 테니스 코트

⑤ コーチ 명 코치

⑥ テニスウェア 명 테니스복

⑦ <ruby>練習生<rt>れんしゅうせい</rt></ruby> 명 연습생

⑧ テニスラケット 명 테니스 라켓

⑨ テニス 명 테니스

- **線審** 〔명〕 선심(보조 심판원)
- **トップスピン** 〔명〕 탑 스핀
- **バックスピン** 〔명〕 백 스핀
- **ベストオブファイブセットマッチ** 〔명〕 베스트 오브 5세트 경기
- **ベストオブスリーセットマッチ** 〔명〕 베스트 오브 3 세트 경기
- **コートチェンジ休憩** 〔명〕 코트체인지 휴식
- **カットボール** 〔명〕 커트 볼
- **プレッシャーボール** 〔명〕 프레셔 볼
- **マッチポイント** 〔명〕 매치포인트
- **失格** 〔명〕 실격
- **ダブルフォールト** 〔명〕 더블 폴트
- **ダウンザライン** 〔명〕 다운 더 라인
- **ドロップショット** 〔명〕 드롭 샷
- **エキジビション** 〔명〕 시범 경기
- **フォールト** 〔명〕 서브의 실패
- **フラットショット** 〔명〕 플랫 샷
- **オーバールール** 〔명〕 오버룰
- **パッシングショット** 〔명〕 패싱샷
- **ラリー** 〔명〕 랠리
- **シード** 〔명〕 시드

운동

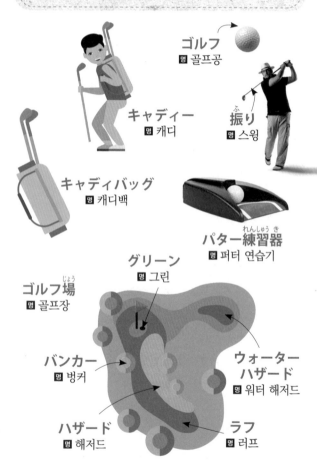

ゴルフ
명 골프공

キャディー
명 캐디

振り
명 스윙

キャディバッグ
명 캐디백

パター練習器
명 퍼터 연습기

グリーン
명 그린

ゴルフ場
명 골프장

バンカー
명 벙커

ウォーター
ハザード
명 워터 해저드

ハザード
명 해저드

ラフ
명 러프

♪ 244

❶ 髭（ひげ） 명 수염
❷ 白髪（しらが） 명 흰머리
❸ 微笑み（ほほえみ） 명 웃는 얼굴
❹ ソフトトップ 명 소프트톱
❺ 景色（けしき） 명 경치
❻ ベルト 명 벨트
❼ ブロンド 명 금발
❽ ショートパンツ 명 짧은 바지
❾ 芝（しば） 명 잔디

❶ ゴルフ帽子 〔ぼうし〕 몡 골프 모자

❷ ゴルフウェア 몡 골프 웨어

❸ ゴルフカート 몡 전동 골프 카트

❹ シルバー世代 〔せだい〕 몡 실버 세대

❺ ポロシャツ 몡 폴로 셔츠

❻ ゴルフグローブ 몡 골프 장갑

❼ ピンフラッグ 몡 핀 플래그

❽ ゴルフクラブ 몡 골프채

❾ ターフ 몡 (골프장)잔디

❿ ゴルフボール 몡 골프공

더 알아보기

- **フェアウエイー** 명 페어웨이
- **パー** 명 (골프)파
- **ホールインワン** 명 홀인원
- **コンドル** 명 콘도르
- **アルバトロス** 명 알바트로스
- **イーグル** 명 이글
- **バーディー** 명 버디
- **ボギー** 명 보기
- **ダブルボギー** 명 더블 보기
- **トリプルボギー** 명 트리플 보기
- **クワドラブルボギー** 명 쿼드러플 보기
- **ロストボール** 명 로스트 볼
- **取り替えられたボール** 명 잠정구
- **パター** 명 퍼터
- **ティーグラウンド** 명 티 그라운드
- **オールスクエア** 명 무승부
- **ドロップ** 명 드롭
- **インパクト** 명 임팩트
- **休憩** 명 휴식
- **開始** 명 개시

운동

きょうそう
競走
명 경주

スタート
ダッシュ
명 스타트 대시

しょうがいそう
障害走
명 허들 경주

ハードル
명 허들

スターティングブロック
명 스타팅 블록

な
投げる
동 던지다

たか と
高跳び
명 높이뛰기

りくじょうきょうぎ
陸上競技
명 육상경기

ほうがん な
砲丸投げ
명 포환던지기

♪ 248

槍投げ
やりな
명 창던지기

短距離走
たんきょりそう
명 단거리 달리기

円盤投げ
えんばんな
명 원반던지기

100m走
メートルそう
명 100m 달리기

ハンマー投げ
な
명 해머던지기

棒高跳び
ぼうたかと
명 장대
높이뛰기

ポール
명 장대

マラソン
명 마라톤

ゴールライン
명 골 라인

♪ 249

<ruby>走幅跳<rt>はしりはばと</rt></ruby>び

명 멀리뛰기

バトン

명 배턴

リレー<ruby>走<rt>そう</rt></ruby>

명 릴레이 주자

<ruby>陸上競技場<rt>りくじょうきょうぎじょう</rt></ruby>

명 육상경기장

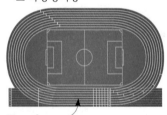

トラック

명 트랙

トロフィー

명 트로피

<ruby>跳躍<rt>ちょうやく</rt></ruby>

명 도약

♪ 250

金メダル
きん
명 금메달

銀メダル
ぎん
명 은메달

銅メダル
どう
명 동메달

더 알아보기

- **スタートライン** **명** 스타트 라인
- **クロスカントリー競走** **명** 크로스컨트리
  きょうそう
- **着地** **명** 착지
  ちゃくち
- **十種競技** **명** 십종 경기
  じっしゅきょうぎ
- **フライングスタート** **명** 부정출발
- **風速測定** **명** 풍속측정
  ふうそくそくてい
- **訓練** **명** 훈련
  くんれん
- **厳しい** **형** 엄격하다
  きび
- **勝利** **명** 승리
  しょうり
- **失敗** **명** 실패
  しっぱい
- **運動選手** **명** 운동선수
  うんどうせんしゅ
- **精神** **명** 정신
  せいしん
- **力強い** **형** 힘이 있다
  ちからづよ
- **エネルギー** **명** 에너지
- **健やか** **형** 건강하다
  すこ

Unit 7-9

운동

수상 운동
ウォータースポーツ

水泳
^{すいえい}
명 수영

バナナボート
명 바나나 보트

飛び込み
^{と こ}
명 다이빙

水球
^{すいきゅう}
명 수구

カヌー
명 카누

水上バイク
^{すいじょう}
명 수상 바이크

舟を漕ぐ
^{ふね こ}
관 배를 젓다

ウインドサーフィン
명 윈드서핑

シュノーケリング
명 스노클링

サーフィン
명 서핑

<ruby>水中<rt>すいちゅう</rt></ruby>エアロビクス
명 수중 에어로빅

トライアスロン
명 트라이애슬론

<ruby>水上<rt>すいじょう</rt></ruby>スキー
명 수상 스키

シンクロナイズド
スイミング
명 싱크로나이즈드
스위밍

フライボード
명 플라이보드

酸素ボンベ
명 산소통

ダイビングウェットスーツ
명 다이빙 웻 슈트

釣り
명 낚시

スキューバダイビング
명 스쿠버 다이빙

ゴーグル
명 고글

シュノーケル
명 스노클

フィン
명 핀

ラフティング
명 래프팅

水中カメラ
명 수중 카메라

バタフライ
명 접영

クロール
명 자유형

ひらおよ
平泳ぎ
명 평영

운동

せ　およ
背泳ぎ
명 배영

더 알아보기

すいちゅうさつえい
- **水中撮影** 명 수중 촬영
すいちゅう
- **水中エクササイズ** 명 수중 체조
すいちゅう
- **水中ホッケー** 명 수중 하키
すいちゅう
- **水中ラグビー** 명 수중 럭비
いぬ　か
- **犬掻き** 명 개헤엄

ゴーグル

명 고글

そり犬
명 썰매개

そり
명 썰매

ビンディング
명 바인딩

スノーシューズ
명 눈신발

スノーボード
명 <u>스노보드</u>

スノーチューブ
명 스노우 튜브

スノーバイク
명 스노바이크

トランシーバー
명 무전기

人工造雪機
じんこうぞうせつき
명 인공제설기

圧雪車
あっせつしゃ
명 압설차

雪片
せっぺん
명 눈송이

ブルドーザー
명 불도저

1 **リフト** 명리프트

2 **ヘルメット** 명헬멧

3 **ゴーグル** 명고글

4 **スキーストック** 명스키 폴

5 **スキーグローブ** 명스키 장갑

6 **スキージャケット** 명스키 재킷

7 **スキー板** 명스키 플레이트

8 **スキーパンツ** 명스키 바지

9 **雪** 명눈

10 **スキー場** 명스키장

♪ 258

- 雪どけ _{ゆき} 명 눈이 녹음
- 雪崩 _{なだれ} 명 눈사태
- 雪山 _{ゆきやま} 명 설산
- ニーサポーター 명 무릎보호대
- 雪道 _{ゆきみち} 명 눈길
- 初級コース _{しょきゅう} 명 초급 코스
- 中級コース _{ちゅうきゅう} 명 중급 코스
- 上級コース _{じょうきゅう} 명 상급 코스
- 転倒 _{てんとう} 명 전도
- 斜度 _{しゃど} 명 경사도
- 初心者 _{しょしんしゃ} 명 초심자
- 上級者 _{じょうきゅうしゃ} 명 상급자
- 積雪 _{せきせつ} 명 적설
- 粉雪 _{こなゆき} 명 가루눈
- 楽しむ _{たの} 동 즐기다
- 寒冷 _{かんれい} 명 한랭
- 寒い _{さむ} 형 춥다
- 湿っぽい _{しめ} 형 눅눅하다

여행

トレッドミル
명 트레드밀
(런닝머신)

エクササイズマット
명 운동 매트

ヨガマット
명 요가매트

ヨガボール
명 요가볼

スピンバイク
명 스핀바이크

バーベルプレート
명 바벨 플레이트

ステッパー
명 스탭퍼

ケトルベル
명 케틀벨

♪ 260

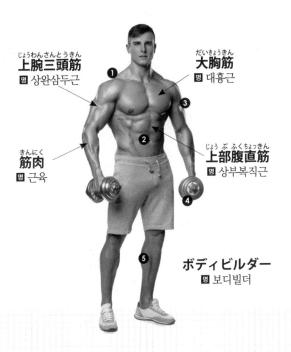

じょうわんさんとうきん
上腕三頭筋 명 상완삼두근

だいきょうきん
大胸筋 명 대흉근

きんにく
筋肉 명 근육

じょうぶ ふくちょっきん
上部腹直筋 명 상부복직근

ボディビルダー 명 보디빌더

❶ せすじ
背筋 명 등골

❷ かぶ ふくちょっきん
下部腹直筋 명 하부복직근

❸ じょうわん に とうきん
上腕二頭筋 명 상완이두근

❹ **ダンベル** 명 덤벨

❺ ふくらはぎ
腓腸 명 종아리

♪ 261

更衣室
こう い しつ
명 탈의실

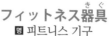

フィットネス器具
き ぐ
명 피트니스 기구

休憩室
きゅうけいしつ
명 휴게실

ラットプルマシン
명 랫풀 머신

腹筋マシン
ふっきん
명 복근 머신

TRX サスペンショントレーニング
명 TRX 서스펜션 트레이닝

ベンチプレス
명 벤치프레스

伸ばす
の
동 늘리다

フィットネストレーナー

명 피트니스 트레이너

スチームサウナ

명 사우나

운동

エラスティックバンド

명 탄성밴드

ピラティス
명 필라테스

더 알아보기

- **ウォームアップ** 명 워밍업
- **ウエイトトレーニング** 명 역도 훈련
- **ウエイトリフティング** 명 역도
- **インナーマッスルトレーニング** 명 이너 머슬 트레이닝
- **ストレッチ** 명 스트레칭
- **筋力トレーニング** 명 근력 트레이닝

♪ 263

自転車のロック
じ てんしゃ
명 자전거 잠금 장치

アイウェア
명 자전거 고글

サイクルグローブ
명 사이클 글러브

折畳み自転車
おりたた　じ てんしゃ
명 접이식 자전거

ボトルホルダー
명 물병 거치대

ヘルメット
명 헬멧

サイクルウェア
명 사이클 웨어

♪ 264

マウンテンバイク
명 산악자전거

**スプロ
ケット**
명 스프로킷 휠

チェーン
명 체인

歯車
명 톱니바퀴

サスペンション
명 서스펜션

❶ 変速機 명 변속기

❷ ヘッドチューブ 명 헤드 튜브

❸ ハブ 명 허브

❹ フォーク 명 포크

❺ バルブ 명 밸브

❻ ワイヤー 명 와이어

에두행

自転車用ベル
じ てんしゃよう
명 자전거 전용 벨

ハンドルバー
명 핸들 바

サドル
명 안장

**自転車用
バスケット**
じ てんしゃよう
명 자전거 바스켓

タイヤ
명 타이어

**シート
ポスト**
명 시트 포스트

ペダル
명 페달

❶ **ブレーキレバー** 명 브레이크 레버

❷ **ヘッドパーツ** 명 헤드 파트

❸ **自転車用ライト** 명 자전거 전용 라이트
じ てんしゃよう

❹ **リム** 명 림

❺ **ペダルクランク** 명 기어 크랭크

❻ **チェーンリング** 명 체인 케이스

❼ **シートクランプ** 명 시트 클램프

❽ **フレーム** 명 프레임

더 알아보기

- **サドルカバー** 명 안장 커버
- **ブレーキケーブル** 명 브레이크 케이블
- **キャリパーブレーキ** 명 캘리퍼 브레이크
- **ディスクブレーキ** 명 디스크 브레이크
- **補助輪**<small>ほ じょりん</small> 명 보조 바퀴
- **部品**<small>ぶ ひん</small> 명 부품
- **回す**<small>まわ</small> 동 돌리다
- **乗り**<small>の</small> 명 탈것
- **安全な**<small>あんぜん</small> 형 안전하다
- **危険**<small>き けん</small> 명 위험
- **便利な**<small>べん り</small> 형 편리하다
- **簡単な**<small>かんたん</small> 형 간단하다
- **難しい**<small>むずか</small> 명 어렵다
- **急速**<small>きゅうそく</small> 명 급속
- **緩慢**<small>かんまん</small> 명 완만
- **一緒**<small>いっしょ</small> 부 함께하다
- **持続的**<small>じ ぞくてき</small> 형 지속적
- **余暇**<small>よ か</small> 명 여가
- **趣味**<small>しゅ み</small> 명 취미

운동

Unit 7-13

운동
무용
ダンス

モダンダンス
명 현대무용

フラメンコ
명 플라멩코

バレエ
명 발레

ダンサー
명 댄서

フラダンス
명 훌라 댄스

ベリーダンス
명 벨리댄스

みんぞく ぶ よう
民族舞踊
명 민속무용

ワルツ
명 왈츠

タンゴ
명 탱고

ダンスパートナー
명 댄스 파트너

パソドブレ
명 파소도블

ジャイブ
명 자이브

동물

ラテンダンス
명 라틴 댄스

タップダンス
명 탭 댄스

サンバ
명 삼바

**ストリート
ダンス**
명 스트릿 댄스

ヒップホップ
명 힙합

ポールダンス
명 폴 댄스

エアロビクス
명 에어로빅

ロックダンス
명 락킹

ジャズダンス
명 재즈 댄스

ブレイクダンス
명 브레이크 댄스

レゲエダンス
명 레게 댄스

ダンスの衣装 い しょう
명 댄스 의상

サルサ
명 살사

チアリーダー
명 치어리더

운동

더 알아보기

- **ダンスの先生** せんせい 명 댄스 선생님
- **ステップ** 명 스탭
- **クイックステップ** 명 퀵스탭
- **ルンバ** 명 룸바
- **チャチャ** 명 차차
- **ダンス教室** きょうしつ 명 댄스 교실
- **アフリカンダンス** 명 아프리카 댄스
- **競技ダンス** きょうぎ 명 댄스 스포츠
- **ダンスミュージック** 명 댄스 음악

♪ 271

アウタージャケット
명 아우터 재킷

リュック
명 배낭

ウインド
ブレーカー
명 윈드 브레이커

とざんぐつ
登山靴
명 등산화

トレッキング
ポール
명 트래킹 폴

とざんそうび
登山装備
명 등산장비

ハンモック
명 해먹

トランシーバー
명 무전기

ねぶくろ
寝袋
명 침낭

とざんよう
登山用テント
명 등산용 텐트

ぼうえんきょう
望遠鏡
명 망원경

おりたた いす
折畳み椅子
명 캠핑의자

クライミング用具
명 클라이밍 용구

ランタン
명 랜턴

アーミーナイフ
명 스위스칼
(아미나이프)

アイゼン
명 아이젠

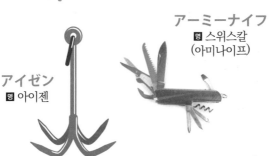

♪ 273

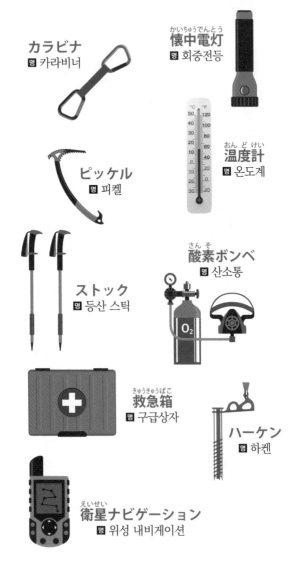

カラビナ
명 카라비너

懐中電灯
명 회중전등

ピッケル
명 피켈

温度計
명 온도계

ストック
명 등산 스틱

酸素ボンベ
명 산소통

O₂

救急箱
명 구급상자

ハーケン
명 하켄

衛星ナビゲーション
명 위성 내비게이션

ポータブル ラジオ
명 포터블 라디오

方位磁針
명 나침반

山頂
명 산 정상

中腹
명 산 중턱

峰
명 산 봉우리

高山
명 고산

山岳地帯
명 산악 지대

登山ルート
명 등산 경로

高度計
명 고도계

拡声器
명 확성기

発電機
명 발전기

운동

ビキニ
명 비키니

ワンピース水着
명 원피스 수영복

レトロビキニ
명 레트로 비키니

タンキニ
명 탱키니

マイクロビキニ
명 마이크로 비키니

ボーイショーツ
명 보이 쇼츠

バンドゥビキニ
명 튜브탑 비키니

ロングスリーブ
명 롱 슬리브

ブルキニ
명 부르키니

クーラーボックス
명 얼음통

ビーチタオル
명 비치 타월

운동

日焼け止め
명 선크림

貝殻
명 조개 껍데기

日焼け
명 햇볕에 탐

汗が出る
관 땀이 나다

ビーチパラソル
명 비치 파라솔

♪ 277

砂の城
명 모래성

浮き輪
명 튜브

ビーチボール
명 비치볼

砂像
명 모래 조각

クラゲに刺される
관 해파리에 쏘이다

サーフィンボード
명 서핑 보드

溺れる
동 물에 빠지다

❶ 水上コテージ 〈すいじょう〉 **명** 수상 빌라

❷ ビーチ **명** 해변

❸ ビーチサンダル **명** 비치 샌들

❹ 麦わら帽子 〈むぎ〉〈ぼうし〉 **명** 밀짚모자

❺ ビーチチェア **명** 비치 체어

❻ リゾート **명** 리조트

❼ 砂 〈すな〉 **명** 모래

❽ 砂遊びセット 〈すなあそ〉 **명** 모래놀이 세트

❾ バケツ **명** 통

❿ シャベル **명** 삽

동행

水ぶくれ
みず
명 물집

肉離れ
にくばな
동 근육이 급격히
수축되어
끊어지는 일

傷口の感染
きずぐち かんせん
명 상처 감염

青痣
あおあざ
명 멍

擦り傷
す きず
명 찰과상

腫れ
は
동 붓다

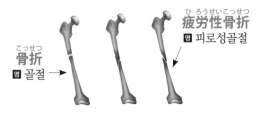

骨折
こっせつ
명 골절 →

疲労性骨折
ひ ろうせいこっせつ
명 피로성골절

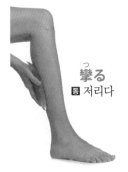

攣る
つ
동 저리다

筋肉痛
きんにくつう
명 근육통

筋肉の張り
きんにく は
명 근육의 당김

挫傷
ざ しょう
명 타박상

捻挫
ねん ざ
명 염좌

上腕骨外側上顆炎
じょうわんこつがいそくじょう か えん
명 상완골외측상과염

けんしょうえん
腱鞘炎
명 건초염

はいつう
背痛
명 등의 통증

そくていきんまくえん
足底筋膜炎
명 족저근막염

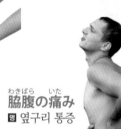

わきばら いた
脇腹の痛み
명 옆구리 통증

ねっちゅうしょう
熱中症
명 열중증

ご じゅうかた
五十肩
명 오십견

だっきゅう
脱臼
명 탈구

더 알아보기

- 痛み 명 통증
- 炎症 명 염증
- 悪化 명 악화
- 激しい運動 명 격렬한 운동
- 筋力 명 근력
- 脱力感 명 허탈감
- 痙攣 명 경련
- 引き攣る 동 쥐가 나다
- 緩んでいる 관 해이해지다
- 靭帯 명 인대
- 柔軟度 명 유연성
- 怪我 명 상처
- 手負い 명 상처 입음
- 治す 동 치료하다
- 癒し 명 치유
- テスト 명 테스트
- 病む 동 앓다
- 見舞い 명 병문안
- 協調性 명 협조성
- 四肢 명 사지

운동

Part 1
매일 마주하는
일상

レクリエーション
여가활동

れきしえいが
歴史映画
명 역사 영화

えいが
ＳＦ映画
명 SF 영화

せんそうえいが
戦争映画
명 전쟁 영화

えいが
コメディ映画
명 코미디 영화

えいが
パニック映画
명 재해 영화

ラブストーリー
명 러브스토리

せいぶげき
西部劇
명 서부극

えいが
ホラー映画
명 공포 영화

探偵映画
명 탐정 영화

ミュージカル映画
명 뮤지컬 영화

アクション映画
명 액션 영화

サイレント
ムービー
명 무성 영화
(사일런트 영화)

アニメーション
映画
명 애니메이션 영화

サスペンス映画
명 서스펜스 영화

３Ｄメガネ
명 3D안경

入場券
명 입장권

伝記映画
명 전기 영화

♪ 287

❶ 観客 🅜 관객

❷ ポップコーン 🅜 팝콘

❸ 飲み物 🅜 음료

❹ チケット売り場 🅜 매표소

❺ チケット売り場係員 🅜 매표소 직원

❻ 窓口 🅜 창구

❼ 窓口番号 🅜 창구번호

❽ コンピュータ 🅜 컴퓨터

❾ ケータイ 🅜 핸드폰

♪ 288

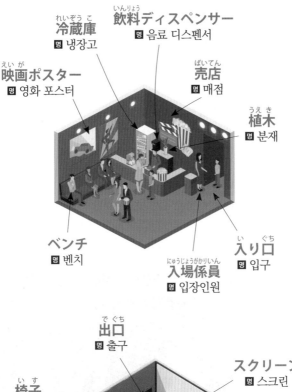

冷蔵庫 <ruby>冷蔵庫<rt>れいぞうこ</rt></ruby>
명 냉장고

飲料ディスペンサー <ruby>飲料<rt>いんりょう</rt></ruby>ディスペンサー
명 음료 디스펜서

映画ポスター <ruby>映画<rt>えいが</rt></ruby>ポスター
명 영화 포스터

売店 <ruby>売店<rt>ばいてん</rt></ruby>
명 매점

植木 <ruby>植木<rt>うえき</rt></ruby>
명 분재

ベンチ
명 벤치

入場係員 <ruby>入場係員<rt>にゅうじょうがかりいん</rt></ruby>
명 입장인원

入り口 <ruby>入<rt>い</rt></ruby>り<ruby>口<rt>ぐち</rt></ruby>
명 입구

여가활동

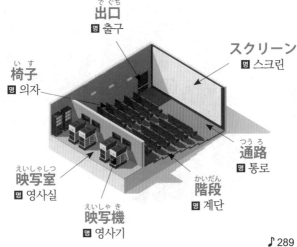

出口 <ruby>出口<rt>でぐち</rt></ruby>
명 출구

椅子 <ruby>椅子<rt>いす</rt></ruby>
명 의자

スクリーン
명 스크린

映写室 <ruby>映写室<rt>えいしゃしつ</rt></ruby>
명 영사실

映写機 <ruby>映写機<rt>えいしゃき</rt></ruby>
명 영사기

階段 <ruby>階段<rt>かいだん</rt></ruby>
명 계단

通路 <ruby>通路<rt>つうろ</rt></ruby>
명 통로

♪ 289

❶ 街の風景 〔まち ふうけい〕 몡 거리 풍경

❷ プロデューサー 몡 프로듀서

❸ 録音技師 〔ろくおん ぎ し〕 몡 녹음기사

❹ 撮影技師 〔さつえい ぎ し〕 몡 영상기사

❺ 監督 〔かんとく〕 몡 감독

❻ エキストラ 몡 엑스트라

❼ 主役 〔しゅやく〕 몡 주역

❽ 脇役 〔わきやく〕 몡 협력

♪ 290

- **ドキュメンタリー映画** 명 다큐멘터리 영화
- **ノンフィクション映画** 명 논픽션 영화
- **長編映画** 명 장편 영화
- **自主映画** 명 독립 영화
- **レイティングシステム** 명 등급 시스템
- **映画予告編** 명 영화 예고편
- **カップホルダー** 명 컵 거치대
- **時刻表** 명 시간표
- **ワールドプレミア** 명 월드 프리미어
- **二本立て映画** 명 동시 상영 영화
- **早朝映画** 명 조조 영화
- **映画館** 명 영화관
- **映画スタッフ** 명 영화 스탭
- **カメラ助手** 명 카메라 조수
- **脚本家** 명 각본가
- **スタイリスト** 명 스타일리스트
- **メイクアップアーティスト** 명 메이크업아티스트
- **現場** 명 현장

여가활동

し き しゃ
指揮者
명 지휘자

でんとうおんがく
伝統音楽
명 전통 음악

せいがく
声楽
명 성악

ジャズ
명 재즈

がっしょうきょく
合唱曲
명 합창곡

**ワールド
ミュージック**
명 세계 음악

民族音楽
（みんぞくおんがく）
명 민속 음악

ポップス
명 팝

ラブソング
명 러브송

ダンス
ミュージック
명 댄스 뮤직

여가활동

ヘビーメタル
명 헤비메탈

打楽器
（だがっき）
명 타악기

ブルース
명 블루스

♪ 293

ロック
명 록

カルテット
명 사중창

オペラ
명 오페라

クインテット
명 오중창

ソロ
명 솔로

デュオ
명 듀오

カントリー
명 컨트리

トリオ
명 트리오,
삼중창

**ディスコ
ミュージック**
명 디스코 뮤직

ラテン<ruby>音楽<rt>おんがく</rt></ruby>
명 라틴 음악

フラメンコ
명 플라멩코

여가활동

더 알아보기

- <ruby>電子音楽<rt>でん し おんがく</rt></ruby> 명 전자 음악
- <ruby>実験音楽<rt>じっけんおんがく</rt></ruby> 명 실험 음악
- **アニメソング** 명 애니메이션 음악
- **ミュージカル** 명 뮤지컬
- **ソナタ** 명 소나타
- <ruby>交響曲<rt>こうきょうきょく</rt></ruby> 명 교향곡
- <ruby>管弦楽<rt>かんげんがく</rt></ruby> 명 관현악
- <ruby>協奏曲<rt>きょうそうきょく</rt></ruby> 명 협주곡
- <ruby>組曲<rt>くみきょく</rt></ruby> 명 모음곡
- <ruby>室内楽<rt>しつないがく</rt></ruby> 명 실내악

ピアノ
명 피아노

アコーディオン
명 아코디언

キーボード
명 키보드

ドラム
명 드럼

ギター
명 기타

トランペット
명 트럼펫

タンバリン
명 탬버린

エレクトリック
ギター
명 일렉트릭 기타

クラリネット
명 클라리넷

フルート
명 플루트

バイオリン
명 바이올린

コントラバス
명 콘트라베이스

ハーモニカ
명 하모니카

チェロ
명 첼로

ハープ
명 하프

ウクレレ
명 우클렐레

ビオラ
명 비올라

打楽器
명 타악기

여가활동

トロンボーン
명 트롬본

トライアングル
명 트라이앵글

シロフォン
명 실로폰

サクソフォーン
명 색소폰

パンパイプ
명 팬 파이프

ゴング
명 징

オカリナ
명 오카리나

ホルン
명 호른

シンバル
명 심벌즈

ドラムセット
명 드럼 세트

鍵盤楽器
명 건반 악기

弦楽器
명 현악기

古箏
명 쟁

琵琶
명 비파

木管楽器
명 목관 악기

二胡
명 이호

金管楽器
명 금관 악기

カメラ
명 카메라

シャッター
명 셔터

レンズ
명 렌즈

フラッシュ
명 플래시

自撮り棒
じ ど ぼう
명 셀카봉

自撮り
じ ど
명 셀프 촬영

三脚
さんきゃく
명 삼각대

開口
かいこう
명 개구

水中カメラ
すいちゅう
명 수중카메라

ポラロイドカメラ
명 폴라로이드카메라

♪ 300

充電器
명 충전기

電池
명 건전지

差し込みプラグ
명 콘센트 플러그

ポラロイド写真
명 폴라로이드 사진

風景
명 풍경

夜景
명 야경

여가활동

フィルム
명 필름

メモリーカード
명 메모리카드

クラウド
명 클라우드

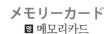

アップロード
명 업로드

ダウンロード
명 다운로드

♪ 301

レフ板
<ruby>板<rt>ばん</rt></ruby>
명 반사판

背景
<ruby>背景<rt>はいけい</rt></ruby>
명 배경

窓
<ruby>窓<rt>まど</rt></ruby>
명 창문

ライト
명 라이트

ディスプレイ
명 디스플레이

スタジオ
명 스튜디오

パソコンチェア
명 컴퓨터 의자

シングルソファ
명 싱글 소파

魚眼レンズ
<ruby>魚眼<rt>ぎょがん</rt></ruby>
명 어안 렌즈

ドローン
명 드론

広角レンズ
<ruby>広角<rt>こうかく</rt></ruby>
명 광각 렌즈

♪ 302

焦点距離 しょうてんきょり
명 초점 거리

レンズフィルター
명 렌즈 필터

マクロレンズ
명 매크로렌즈

**アマチュア
カメラマン**
명 아마추어 촬영기사

여가활동

더 알아보기

- **ポートレート** 명 포트레이트
- **光線** こうせん 명 광선
- **動き** 명 움직임
- **静止** せいし 명 정지
- **構図** こうず 명 구도
- **視点** してん 명 시점
- **逆光** ぎゃっこう 명 역광
- **プロカメラマン** 명 프로 촬영기사
- **姿勢** しせい 명 자세

でん し しょせき
電子書籍
명 전자책, E북

ニュース
명 뉴스

タブレット
명 태블릿

ざい
ビジネス財テク
명 비즈니스 재테크

ぶんがくしょうせつ
文学小説
명 문학 소설

しゃかい か がく
社会科学
명 사회과학

きょう か しょ
教科書
명 교과서

れき し
歴史
명 역사

げいじゅつ
芸術デザイン
명 예술 디자인

本
ほん
명 책

新書
しんしょ
명 신서

表紙
ひょうし
명 표지

裏表紙
うらびょうし
명 뒷표지

宗教
しゅうきょう
명 종교

ハードカバー
명 하드커버

医療保健
いりょうほけん
명 의료보건

著者
ちょしゃ
명 저자

語学
ごがく
명 어학

여가활동

♪ 305

本屋
명 서점

書店店員
명 서점 점원

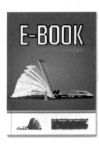

コンピューター
명 컴퓨터

ベストセラー
명 베스트셀러

恋愛小説
명 연애 소설

飲食
명 음식

りょこう
旅行
명 여행

マンガ
명 만화

じ どうしょ
児童書
명 아동서

더 알아보기

- よやくちゅうもん
  予約注文 명 예약 주문
- **ランキング** 명 랭킹
- しゅっぱんしゃ
  出版社 명 출판사
- じんぶん
  人文 명 인문
- てつがく
  哲学 명 철학
- SF小説 しょうせつ 명 SF 소설
- **ページ** 명 페이지
- ほんやくしゃ
  翻訳者 명 번역가
- さしえがか
  挿絵画家 명 삽화가

いろえんぴつ
色鉛筆
몡 색연필

カラーペン
몡 컬러펜
(사인펜)

フェルトペン
몡 펠트펜

オイルパステル
몡 오일파스텔

パステル
몡 파스텔

しきさい
色彩
몡 색채

あぶら え
油絵
몡 유화

せいぶつ が
静物画
몡 정물화

自画像
<ruby>自<rt>じ</rt>画<rt>が</rt>像<rt>ぞう</rt></ruby>
명 자화상

水墨画
<ruby>水<rt>すい</rt>墨<rt>ぼく</rt>画<rt>が</rt></ruby>
명 수묵화

人物画
<ruby>人<rt>じん</rt>物<rt>ぶつ</rt>画<rt>が</rt></ruby>
명 인물화

デッサン
명 데생

浮世絵
<ruby>浮<rt>うき</rt>世<rt>よ</rt>絵<rt>え</rt></ruby>
명 에도시대에
성행한 유녀나
연극을 다룬 풍속화

壁画
<ruby>壁<rt>へき</rt>画<rt>が</rt></ruby>
명 벽화

写生
<ruby>写<rt>しゃ</rt>生<rt>せい</rt></ruby>
명 사생

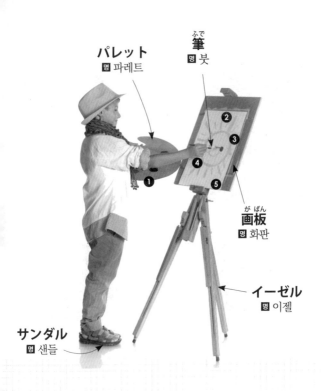

パレット
图 파레트

筆
图 붓

画板
图 화판

イーゼル
图 이젤

サンダル
图 샌들

---

❶ **水彩絵具** 图 수채도구

❷ **水彩画** 图 수채화

❸ **落書き** 图 낙서

❹ **絵を描く** 관 그림을 그리다

❺ **絵** 图 그림

挿絵 _{さしえ}
명 삽화

**コンピューター
グラフィック**
명 컴퓨터 그래픽

画家 _{がか}
명 화가

アクリル絵具 _{えのぐ}
명 아크릴 그림도구

여가활동

더 알아보기

- **写実** _{しゃじつ} 명 사실
- **抽象** _{ちゅうしょう} 명 추상
- **美学** _{びがく} 명 미학
- **芸術** _{げいじゅつ} 명 예술

- **アトリエ** 명 아틀리에
- **視覚芸術** _{しかくげいじゅつ} 명 시각예술
- **美術作品** _{びじゅつさくひん} 명 미술작품

ホタル
명 반딧불이

折り畳み椅子
명 캠핑의자

レジャーシート
명 피크닉용 돗자리

ランタン
명 랜턴

クーラーボックス
명 아이스박스

寝袋
명 침낭

折り畳みテーブル
명 접이식 테이블

蚊帳
<ruby>蚊<rt>か</rt></ruby><ruby>帳<rt>や</rt></ruby>
명 모기장

オイルランプ
명 오일 램프

蚊よけスプレー
<ruby>蚊<rt>か</rt></ruby>よけスプレー
명 모기 퇴치 스프레이

ガスボンベ
명 가스 저장 용기

十徳ナイフ
<ruby>十徳<rt>じゅっとく</rt></ruby>ナイフ
명 멀티툴

キャンピングカー
명 캠핑카

ライター
명 라이터

調理器具
<ruby>調理器具<rt>ちょうりきぐ</rt></ruby>
명 조리 기구

여가활동

♪313

① キャンプ場 <ruby>場<rt>じょう</rt></ruby> 명 캠프장

② <ruby>焼<rt>や</rt></ruby>きマシュマロ 명 구운 마시멜로

③ テント 명 텐트

④ テントポール 명 텐트 폴대

⑤ ギター 명 기타

⑥ キャンプファイヤー 명 캠프 파이어

⑦ <ruby>草地<rt>くさち</rt></ruby> 명 잔디밭

⑧ キャンプする 동 캠핑한다

♪ 314

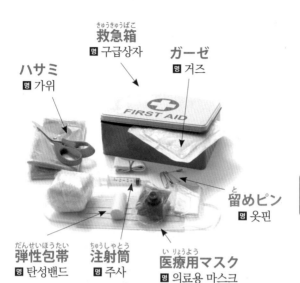

ハサミ
명 가위

救急箱 (きゅうきゅうばこ)
명 구급상자

ガーゼ
명 거즈

FIRST AID

留めピン (とめピン)
명 옷핀

弾性包帯 (だんせいほうたい)
명 탄성밴드

注射筒 (ちゅうしゃとう)
명 주사

医療用マスク (いりょうよう)
명 의료용 마스크

여가활동

더 알아보기

- **星空** (ほしぞら) 명 별하늘

- **たいまつ** 명 횃불

- **テントをたたむ** 관 텐트를 걷다

- **森** (もり) 명 수풀

- **小道** (こみち) 명 작은 길

- **野生動物** (やせいぶつ) 명 야생동물

メリーゴーランド

몡 회전목마

ゴーカート

몡 고카트

お化け屋敷
ば け や しき

몡 유령의 집

バイキング

몡 바이킹

バンパーカー

몡 범버카

ミニSL
エスエル

몡 미니
증기 기관차

♪ 316

キャッスル

명 성

しゃげき
射撃
명 사격

TICKETS

チケット売り場
う　ば
명 매표소

イベントショー
명 이벤트장

120⁺
CM
しんちょうせいげん
身長制限
명 신장제한

きょくめんきょう
曲面鏡
명 곡면 거울

フードコート

명 푸드코트

ベンチ
명 벤치

ウォータースライダー
명 워터 슬라이드

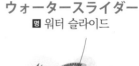

アイスクリーム屋
명 아이스크림 매장

ウォーターパーク
명 워터 파크

吐き気
명 구역질

噴水
명 분수

めまい
명 현기증

キャンディー
명 캔디

❶ ジェットコースター 명 제트 코스터

❷ 軌道 (きどう) 명 궤도

❸ 観覧車 (かんらんしゃ) 명 관람차

❹ 車両 (しゃりょう) 명 차량

❺ 休憩所 (きゅうけいじょ) 명 휴게소

❻ 看板 (かんばん) 명 간판

❼ ゴミ箱 (ばこ) 명 쓰레기통

❽ アトラクション 명 어트렉션

❾ 売店 (ばいてん) 명 매점

❿ 禁煙 (きんえん) 명 금연

여가활동

花弁
か べん
명 꽃잎

花瓶
か びん
명 화병

盆栽
ぼんさい
명 분재

土壌
ど じょう
명 토양

新芽
しん め
명 새싹

植物
しょくぶつ
명 식물

自動散水機
じ どう さんすい き
명 자동 살수기

噴霧器
ふん む き
명 분무기

種
たね
명 씨앗

肥料
ひ りょう
명 비료

Fertilizer

くわ
명 괭이

**ガーデン
フォーク**
명 쇠스랑

じょうろ
명 물뿌리개

スコップ
명 삽

園芸用ハサミ
명 원예용 가위

バケツ
명 양동이

園芸手袋
명 원예 장갑

のこぎり
명 톱

여가활동

♪ 321

温室
<ruby>温室<rt>おんしつ</rt></ruby>
명 온실

人工芝
<ruby>人工芝<rt>じんこうしば</rt></ruby>
명 인공잔디

殺虫剤
<ruby>殺虫剤<rt>さっちゅうざい</rt></ruby>
명 살충제

垣根
<ruby>垣根<rt>かきね</rt></ruby>
명 울타리

レンガ
명 벽돌

農薬
<ruby>農薬<rt>のうやく</rt></ruby>
명 농약

ホース
명 호스

石板
<ruby>石板<rt>せきばん</rt></ruby>
명 석판

園芸家
えんげい か
명 원예가

麦わら帽子
むぎ ぼう し
명 밀짚모자

チェックシャツ
명 체크무늬 셔츠

タンクトップ
명 탱크탑

花
はな
명 꽃

手袋
て ぶくろ
명 장갑

ジーンズ
명 청바지

雨靴
あまぐつ
명 장화

手押し車
て お ぐるま
명 손수레

車輪
しゃりん
명 수레바퀴

여가활동

더 알아보기

- **庭** 명 정원
  にわ

- **パラソル** 명 파라솔

- **ピクニック** 명 피크닉

- **バーベキュー** 명 바베큐

- **デッキチェア** 명 덱 체어

♪ 323

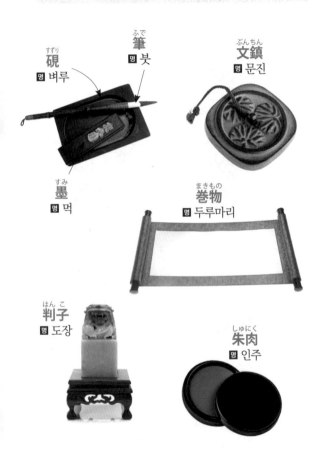

すずり
硯
명 벼루

ふで
筆
명 붓

ぶんちん
文鎮
명 문진

すみ
墨
명 먹

まきもの
巻物
명 두루마리

はんこ
判子
명 도장

しゅにく
朱肉
명 인주

♪ 324

❶ 墨汁 ᴮ 먹물
ぼくじゅう

❷ 画仙紙 ᴮ 화선지
が せん し

❸ 竹 ᴮ 대나무
たけ

❹ 筆立て ᴮ 붓받침대
ふで た

❺ 書道下敷き ᴮ 서예 깔개
しょどうしたじ

❻ 筆掛け ᴮ 붓걸이
ふで か

❼ 筆洗 ᴮ 붓을 씻는 그릇
ひっせん

❽ マホガニー机 ᴮ 마호가니 책상
つくえ

❾ デザイン彫刻 ᴮ 디자인 조각
ちょうこく

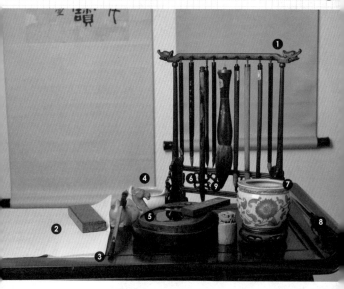

Part 2
생활 속 반드시
필요한 것

自分を知る
나를 알아보기

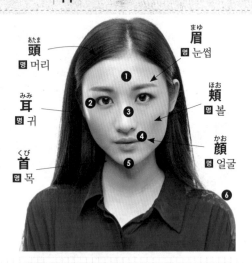

頭
^{あたま}
명 머리

眉
^{まゆ}
명 눈썹

耳
^{みみ}
명 귀

頬
^{ほお}
명 볼

首
^{くび}
명 목

顔
^{かお}
명 얼굴

❶ **おでこ** 명 이마

❷ **目**
^め
명 눈

❸ **鼻**
^{はな}
명 코

❹ **口**
^{くち}
명 입

❺ **顎**
^{あご}
명 턱

❻ **肩**
^{かた}
명 어깨

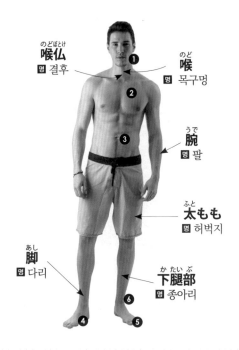

^{のどぼとけ}
喉仏
명 결후

^{のど}
喉
명 목구멍

^{うで}
腕
명 팔

^{ふと}
太もも
명 허벅지

^{あし}
脚
명 다리

^{か たい ぶ}
下腿部
명 종아리

❶ ^は**歯** 명 치아
❷ ^{むね}**胸** 명 가슴
❸ ^{へそ}**臍** 명 배꼽
❹ ^{あし うら}**足の裏** 명 발바닥
❺ ^{あしゆび}**足指** 명 발가락
❻ ^{あしくび}**足首** 명 발목

指 ゆび
명 손가락

胴 どう
명 몸체

腰 こし
명 허리

肘 ひじ
명 팔꿈치

脇の下 わき した
명 겨드랑이

膝 ひざ
명 무릎

❶ **旋毛** つむじ 명 (머리의)가마

❷ **筋肉** きんにく 명 근육

❸ **背中** せなか 명 등

❹ **背骨** せぼね 명 등뼈

❺ **お尻** しり 명 엉덩이

❻ **アキレス腱** けん 명 아킬레스건

❼ **皮膚** ひふ 명 피부

♪ 330

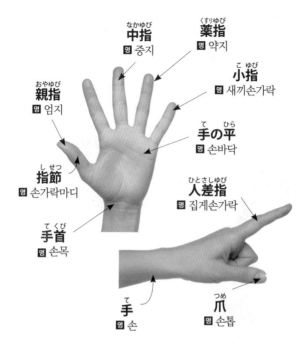

中指
명 중지

薬指
명 약지

小指
명 새끼손가락

親指
명 엄지

手の平
명 손바닥

指節
명 손가락마디

人差指
명 집게손가락

手首
명 손목

手
명 손

爪
명 손톱

더 알아보기

- **骨** 명 뼈
- **脈拍** 명 맥박
- **まつげ** 명 속눈썹
- **唇** 명 입술
- **親知らず** 명 사랑니
- **入れ歯** 명 의치
- **血管** 명 혈관

♪ 331

追う
お
통 쫓다

眉を顰める
まゆ ひそ
관 눈살을
찌푸리다

口を
すぼめる
くち
관 입을
오므리다

立つ
た
통 서다

走る
はし
통 달리다

跳ぶ
と
통 날다

歩く
ある
통 걷다

座る
すわ
통 앉다

ウインクする
통 윙크하다

逆立ちする
동 물구나무서기 하다

しゃがむ
동 웅크리다

跪く
동 무릎을 꿇다

蹴る
동 걷어차다

這う
동 기다

伏せる
동 엎드리다

横になる
동 눕다

飲む
<ruby>の<rt></rt></ruby>
동 마시다

食べる
<ruby>た<rt></rt></ruby>
동 먹다

描く
<ruby>か<rt></rt></ruby>
동 그리다

挙げる
<ruby>あ<rt></rt></ruby>
동 팔을 쳐들다

引っ張る
<ruby>ひ ぱ<rt></rt></ruby>
동 잡아끌다

書く
<ruby>か<rt></rt></ruby>
동 쓰다

開ける
<ruby>あ<rt></rt></ruby>
동 열다

閉める
<ruby>し<rt></rt></ruby>
동 닫다

♪ 334

噛む
か
图 씹다

乗る
の
图 타다

受ける
う
图 받다

掘る
ほ
图 파다

歌う
うた
图 노래하다

抱く
だ
图 안다

転ぶ
ころ
图 쓰러지다

喉に詰まる
のど つ
관 목구멍에 걸리다

♪ 335

太っている
ふと
관 뚱뚱하다

体重
たいじゅう
명 체중

痩せている
や
관 마르다

太り過ぎ
ふと す
명 매우 뚱뚱함

痩せ過ぎ
や す
명 매우 마름

背が高い
せ たか
관 키가 크다

身長
しんちょう
명 신장

背が低い
せ ひく
관 키가 작다

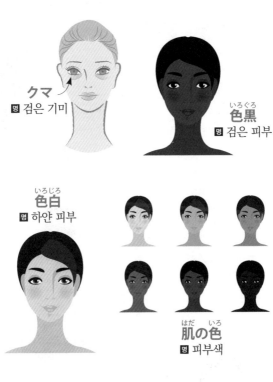

クマ
명 검은 기미

<ruby>色黒<rt>いろぐろ</rt></ruby>
명 검은 피부

<ruby>色白<rt>いろじろ</rt></ruby>
명 하얀 피부

<ruby>肌<rt>はだ</rt></ruby>の<ruby>色<rt>いろ</rt></ruby>
명 피부색

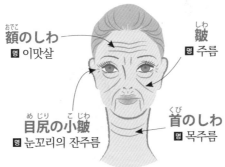

<ruby>額<rt>おでこ</rt></ruby>のしわ
명 이맛살

しわ
皺
명 주름

<ruby>目尻<rt>めじり</rt></ruby>の<ruby>小皺<rt>こじわ</rt></ruby>
명 눈꼬리의 잔주름

<ruby>首<rt>くび</rt></ruby>のしわ
명 목주름

♪ 337

かわいい
형 귀엽다

そばかす
명 주근깨

かっこいい
형 멋있다

ひげ
명 수염

ピアスの穴
명 피어스 구멍

入れ墨
명 문신

一重瞼
명 홑꺼풀

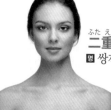

二重瞼
명 쌍꺼풀

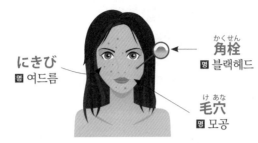

にきび
명 여드름

^{かくせん}
角栓
명 블랙헤드

^{け あな}
毛穴
명 모공

^{かみがた}
髪型
명 머리 모양

더 알아보기

- ^{ようぼう} 容貌 명 용모

- ほくろ 명 점

- ^{みにく} 醜い 형 못생기다

- ^{か わい} 可愛らしい 형 사랑스럽다

- ^{うつく} 美しい 형 아름답다

- ^{き れい} 綺麗な 형 예쁘다

- ^{まるまる} 丸々 형 통통하게 살찌다

- ^{じょうひん} 上品な 형 우아하다

- ^{び じん} 美人 명 미녀

冷静な
れいせい

형 냉정하다

元気な
げん き

형 건강하다

同情心のある
どうじょうしん

관 동정심이 있다

無邪気な
む じゃ き

형 천진난만하다

自信のある
じ しん

관 자신이 있다

大人っぽい
おとな

형 어른스럽다

♪ 340

^{つま}
倹しい
형 검소하다

^{よくば}
欲張りな
형 욕심많다

^{おおざっぱ}
大雑把な
형 덤벙거리다

^{わす}
忘れっぽい
형 잘 잊어버리다

^{きんべん}
勤勉な
형 근면하다

^{らっかんてき}
楽観的な
형 낙관적이다

♪ 341

勇敢な
_{ゆうかん}
형 용감하다

怒りっぽい
_{おこ}
형 걸핏하면 화를 내다

傲慢な
_{ごうまん}
형 오만하다

悲観的な
_{ひ かんてき}
형 비관적이다

臆病な
_{おくびょう}
형 소심하다

だらけている
관 마음이 풀리다

- **あら<ruby>捜<rt>さが</rt></ruby>しの** 혱 흉잡다
- **<ruby>自分<rt>じ ぶん</rt></ruby><ruby>勝手<rt>かって</rt></ruby>な** 혱 제멋대로이다
- **けちな** 혱 옹졸하다
- **<ruby>恥<rt>は</rt></ruby>ずかしがり<ruby>屋<rt>や</rt></ruby>の** 혱 숫기가 없다
- **<ruby>野心<rt>や しん</rt></ruby>のある** 관 야심이 있다
- **<ruby>優<rt>やさ</rt></ruby>しい** 혱 상냥하다 , 온순하다
- **<ruby>信頼<rt>しんらい</rt></ruby>できる** 관 신뢰할 수 있다
- **<ruby>情熱的<rt>じょうねつてき</rt></ruby>な** 혱 정열적이다
- **<ruby>親切<rt>しんせつ</rt></ruby>な** 혱 친절하다
- **<ruby>面白<rt>おもしろ</rt></ruby>い** 혱 재미있다
- **<ruby>気前<rt>き まえ</rt></ruby>が<ruby>良<rt>い</rt></ruby>い** 관 인심이 좋다
- **<ruby>優<rt>やさ</rt></ruby>しい** 혱 상냥하다
- **<ruby>真摯<rt>しん し</rt></ruby>な** 혱 진지하다
- **<ruby>誠実<rt>せいじつ</rt></ruby>な** 혱 성실하다
- **<ruby>自立<rt>じ りつ</rt></ruby>した** 통 자립하다
- **<ruby>謙虚<rt>けんきょ</rt></ruby>な** 혱 겸허하다
- **<ruby>我慢強<rt>が まんづよ</rt></ruby>い** 혱 참을성이 많다
- **ロマンチックな** 혱 로맨틱하다
- **<ruby>責任感<rt>せきにんかん</rt></ruby>のある** 관 책임감이 있다
- **<ruby>敏感<rt>びんかん</rt></ruby>な** 혱 민감하다

楽しい
たの
형 즐겁다

嬉しい
うれ
형 기쁘다

不愉快な
ふ ゆ かい
형 불쾌하다

驚くような
おどろ
형 놀라다

しょげた
동 풀이 죽다

愉快な
ゆ かい
형 유쾌하다

怒っている
おこ
동 화내다

疲れた
つか
동 피곤하다

冴^さえない
통 신통치 않다

つまらない
형 하찮다

むかむかした
통 화가 나다

気^きまずい
형 거북하다

辛^{つら}い
형 힘들다

悲痛^{ひつう}な
형 비통하다

怖^{こわ}い
형 무섭다

苦^{くる}しい
형 괴롭다

♪ 345

憂鬱な _{ゆううつ}
형 우울하다

自慢の _{じまん}
통 자랑하다

悲しい _{かな}
형 슬프다

満足した _{まんぞく}
통 만족하다

心配な _{しんぱい}
형 걱정하다

のんびりした
통 한가롭다

失望した _{しつぼう}
통 실망하다

がっかりした
통 맥이 빠지다

♪ 346

妬ましい
형 샘이 나다

羨ましい
형 부럽다

恨めしい
형 원망스럽다

緊張した
동 긴장하다

いらいらした
동 짜증나다

나를 알아보기

더 알아보기

- 怒り狂った **동** 매우 격노하다
- 信用できる **동** 신용할 수 있다
- 渇望した **동** 갈망하다

♪ 347

生まれる

통 태어나다

成年
せいねん

명 성년

妊娠
にんしん

명 임신

子供時代
こ ども じ だい

명 어린시절

中年
ちゅうねん

명 중년

思春期
し しゅん き

명 사춘기

中年の危機
ちゅうねん き き

명 중년의 위기

お年寄り
と し よ

명 노인

子供
명 아이

離婚
명 이혼

男
명 남자

女
명 여자

結婚
명 결혼

よちよち歩き
명 아장걸음

더 알아보기

- **ハネムーン** **명** 허니문
- **妊娠期間** **명** 임신기간
- **幼年期** **명** 유년기
- **死亡** **명** 사망
- **亡くなる** **동** 돌아가다(죽다의 완곡 표현)
- **定年退職** **명** 정년퇴직

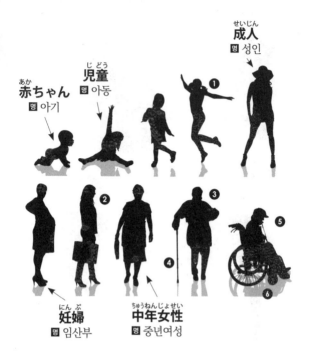

成人(せいじん)
명 성인

児童(じどう)
명 아동

赤(あか)ちゃん
명 아기

妊婦(にんぷ)
명 임산부

中年女性(ちゅうねんじょせい)
명 중년여성

❶ 青少年(せいしょうねん) 명 청소년
❷ キャリアウーマン 명 커리어우먼
❸ 高齢者(こうれいしゃ) 명 고령자
❹ 杖(つえ) 명 지팡이
❺ お年寄(としよ)り 명 노인
❻ 老化(ろうか) 명 노화

♪ 350

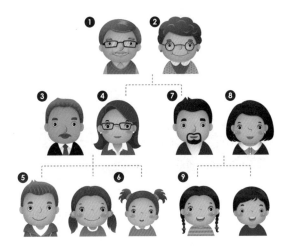

① 祖父(そふ) 몡 할아버지

② 祖母(そぼ) 몡 할머니

③ 父(ちち) 몡 아버지

④ 母(はは) 몡 어머니

⑤ 兄弟(きょうだい) 몡 형제

⑥ 姉妹(しまい) 몡 자매

⑦ おじさん 몡 삼촌, 작은아버지, 아저씨

⑧ おばさん 몡 숙모, 고모, 아주머니

⑨ いとこ 몡 사촌

♪ 351

中華民国
ちゅうかみんこく
명 중화민국

キューバ
명 쿠바

カナダ
명 캐나다

アメリカ
명 미국

アルゼンチン
명 아르헨티나

ブラジル
명 브라질

チリ
명 칠레

**オースト
ラリア**
명 오스트레일리아

**ニュージー
ランド**
명 뉴질랜드

カンボジア
명 캄보디아

<ruby>中国<rt>ちゅうごく</rt></ruby>
명 중국

インド
명 인도

インドネシア
명 인도네시아

<ruby>日本<rt>にほん</rt></ruby>
명 일본

<ruby>韓国<rt>かんこく</rt></ruby>
명 한국

マレーシア
명 말레이시아

ネパール
명 네팔

ベトナム
명 베트남

ミャンマー
명 미얀마

フィリピン
명 필리핀

シンガポール
명 싱가포르

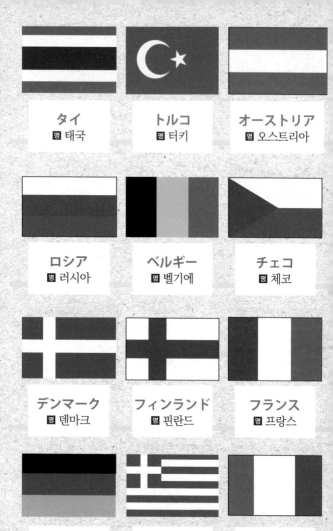

タイ
名 태국

トルコ
名 터키

オーストリア
名 오스트리아

ロシア
名 러시아

ベルギー
名 벨기에

チェコ
名 체코

デンマーク
名 덴마크

フィンランド
名 핀란드

フランス
名 프랑스

ドイツ
名 독일

ギリシャ
名 그리스

イタリア
名 이탈리아

オランダ
명 네덜란드

ノルウェー
명 노르웨이

ポルトガル
명 포르투칼

スペイン
명 스페인

スウェーデン
명 스웨덴

スイス
명 스위스

イギリス
명 영국

ハイチ
명 아이티

ペルー
명 페루

アイルランド
명 아일랜드

パキスタン
명 파키스탄

コンゴ
명 콩고

Part 2
생활 속 반드시
필요한 것

記念日や祝日
きねんび　しゅくじつ

기념일

バースデープレゼント
명 생일선물

はなたば
花束
명 꽃다발

かみ ふぶき
紙吹雪
명 축하할 때
뿌리는 색종이

ピエロ
명 삐에로

ぬいぐるみ
명 인형

ギフト袋
명 선물 봉투

お菓子
<ruby>菓<rt>か</rt></ruby><ruby>子<rt>し</rt></ruby>

명 과자

マジシャン

명 마술사

バースデーカード
명 생일 카드

パーティーハット
명 파티 고깔모자

ビニールプール
명 비닐 풀

お礼のメッセージカード
<ruby>礼<rt>れい</rt></ruby>
명 감사의 메세지 카드

❶ 風船 <ruby>風船<rt>ふうせん</rt></ruby> 명 풍선

❷ <ruby>三角帽子<rt>さんかくぼうし</rt></ruby> 명 고깔모자

❸ <ruby>蝋燭<rt>ろうそく</rt></ruby> 명 양초

❹ カップケーキ 명 컵케이크

❺ グミ 명 젤리

❻ <ruby>果物<rt>くだもの</rt></ruby> 명 과일

❼ <ruby>紙皿<rt>かみざら</rt></ruby> 명 종이접시

❽ ストロー 명 빨대

❾ プラスチックのフォーク 명 플라스틱 포크

♪ 360

- **人群れ** ^명 사람 무리
- **成人式** ^명 성인식
- **お祝い** ^명 축하
- **旗** ^명 깃발
- **紙コップ** ^명 종이컵
- **カクテル紙傘** ^명 칵테일 파라솔
- **チョコレート** ^명 초콜릿
- **キャンディガラス瓶** ^명 캔디병
- **バースデーケーキ** ^명 생일 케이크
- **客** ^명 손님
- **喜び** ^명 기쁨
- **踊る** ^동 춤추다
- **ゲーム** ^명 게임
- **ボードゲーム** ^명 보드게임
- **ポーカー** ^명 포커
- **モノポリー** ^명 모노폴리
- **演じる** ^동 연기하다
- **飾り** ^명 장식
- **遊び** ^명 놀이
- **笑い声** ^명 웃음소리
- **ふざける** ^동 장난치다

げいしゃ
芸者
명 게이샤

めん
お面
명 탈

じんじゃ
神社
명 신사

ふと ま
太巻き
명 굵은 마키

그 해의 가장 좋은 방향을 향해서
먹으면 재수가 좋다고 하여
소원을 빌면서 먹는 음식.
에호우마키(恵方巻き)라고도 함.

ぐ ざい
具材
명 재료

柊鰯 _{ひいらぎいわし}

명 정어리 머리에 호랑가시나
무의 가지가 찔린 장식

현관에 둠으로써 나쁜 기운을 막아 준다고 함

金棒 _{かなぼう}
명 쇠몽둥이

子供 _{こども}
명 아이

虎柄の腰巻 _{とらがら こしまき}
명 호랑이
모양의 속옷

❶ **こわい鬼** _{おに} **명** 무서운 도깨비(귀신)

❷ **鬼を追い払う** _{おに お はら} **관** 도깨비(귀신)을 쫓아버리다

❸ **炒り豆** _{い まめ} **명** 볶은 콩

❹ **福豆** _{ふくまめ} **명** 나쁜 기운을 물리친다고 하여 입춘 전날에 뿌리는 볶은 콩

❺ **豆撒き** _{まめま} **명** 입춘 전날 밤, 액막이로 콩을 뿌리는 일

❻ **浴衣** _{ゆかた} **명** 유카타

❶ お面 〈めん〉 명 탈

❷ 女の子 〈おんな こ〉 명 여자 아이

❸ 笑顔 〈えがお〉 명 웃는 얼굴

❹ 食卓 〈しょくたく〉 명 식탁

❺ 枡 〈ます〉 명 곡물이나 액체의 양을 재는 그릇 (홉, 되, 말)

❻ いわし 명 정어리

❼ 鬼のお面 〈おに めん〉 명 도깨비 가면

❽ おでん 명 오뎅

❾ 恵方巻き 〈えほうま〉 명 그 해의 가장 좋은 방향(에호우)을 향해서 먹으면 재수가 좋다고 하여 소원을 빌면서 먹는 음식.

❿ 海苔 〈のり〉 명 김

- <ruby>祝典<rt>しゅくてん</rt></ruby> 몡 축전

- <ruby>祭<rt>まつ</rt></ruby>り 몡 축제

- <ruby>幸福<rt>こうふく</rt></ruby>を<ruby>祈<rt>いの</rt></ruby>る 괜 행복을 기원하다

- <ruby>節分<rt>せつぶん</rt></ruby> 몡 절분

- <ruby>福<rt>ふく</rt></ruby>は<ruby>内<rt>うち</rt></ruby>、<ruby>鬼<rt>おに</rt></ruby>は<ruby>外<rt>そと</rt></ruby> 괜 복은 안으로 들어오고, 도깨비(귀신)은 바깥으로 나가라. ((입춘 전날 밤에 콩을 던지면서 외치는 액막이 문구))

- <ruby>厄払<rt>やくばら</rt></ruby>い 몡 액막이

- <ruby>厄除<rt>やくよ</rt></ruby>け 몡 액땜

- <ruby>吉方位<rt>きちほうい</rt></ruby> 몡 사주가 좋은 방위

- <ruby>方位<rt>ほうい</rt></ruby> 몡 방위

- <ruby>七福神<rt>しちふくじん</rt></ruby> 몡 복을 준다고 하는 일곱신

- <ruby>好運<rt>こううん</rt></ruby> 몡 행운

- <ruby>立春<rt>りっしゅん</rt></ruby> 몡 입춘

- <ruby>立夏<rt>りっか</rt></ruby> 몡 입하

- <ruby>立秋<rt>りっしゅう</rt></ruby> 몡 입추

- <ruby>立冬<rt>りっとう</rt></ruby> 몡 입동

- <ruby>大晦日<rt>おおみそか</rt></ruby> 몡 섣달 그믐

- <ruby>季節<rt>きせつ</rt></ruby> 몡 계절

- <ruby>悪霊<rt>あくりょう</rt></ruby> 몡 악령

- <ruby>年齢<rt>ねんれい</rt></ruby> 몡 연령

기념일

Unit 2-3

기념일

히나마츠리

ひなまつ
雛祭り

※ 370p 설명 참고

ず し
ちらし寿司
명 치라시스시

はな ず し
花寿司
명 꽃모양의
후토마키

あまざけ
명 감주

クチナシ
명 치자나무

菱餅
<ruby>菱餅<rt>ひしもち</rt></ruby>

명 히시모치 (3월 3일 인형을
장식하면서 올리는 마름모꼴의 떡)

雛あられ
<ruby>雛<rt>ひな</rt></ruby>あられ

명 쌀로 만들어진 과자

딸의 건강을 기원하는 뜻이 담겨 있음

ハマグリの吸い物
ハマグリの<ruby>吸<rt>す</rt></ruby>い<ruby>物<rt>もの</rt></ruby>

명 하마구리(대합) 국

하마구리는 조개껍데기가 두개로 이루어져 있으므로
부부사이가 영원히 좋기를 바라는 의미가 있음.

桃の花
_{もも} _{はな}
名 복숭아꽃

花びら
_{はな}
名 꽃잎

花芽
_{はな め}
名 꽃눈

葉っぱ
_は
名 잎

枝
_{えだ}
名 가지

嫁入り道具
_{よめ い} _{どう ぐ}
名 여자가 결혼할 때
필요한 혼수도구

もち米
_{ごめ}
名 찹쌀

娘
_{むすめ}
名 딸

屏風
_{びょう ぶ}
名 병풍

♪ 368

漉し餡
명 삶은 팥으로 만든 팥소

桜の葉っぱ
명 벚꽃잎

桜餅
명 벚꽃잎으로 감싼 향기로운 떡

和傘
명 일본식 우산

ケーキ
명 케이크

더 알아보기

- **桃の節句** 명 히나마츠리의 별명
- **装飾** 명 장식
- **ハハコグサ** 명 옛날에 히나마츠리 때 먹는 쿠사모찌(떡)을 만들 재료였다. 봄의 일곱 가지 나물 중의 하나.
- **童謡** 명 동요
- **儀礼** 명 의례
- **決まり** 명 결정
- **成長** 명 성장
- **雛壇** 명 히나 인형을 장식하는 단
- **傘福** 명 우산에 달아매는 형태의 장식

♪ 369

히나마츠리:

매년 3월 3일에 여자아이들의 건강과 행복을 기원하기 위해 빨간 천으로 덮은 제단(히나단) 위에 인형(히나 인형)들과 음식을 올려서 장식하는 축제이다.

❶ **ぼんぼり** 명 불을 킨 부분의 주위가 종이 또는 비단 천으로 덮인 조명기구

❷ **女雛** ^{めびな} 명 히나인형 중에서 황후폐하를 나타냄 . 오히나사마라고도 함

❸ **皇后** ^{こうごう} 명 황후

❹ **男雛** ^{おびな} 명 히나인형 중에서 천황폐하를 나타냄. 오토노사마라고도 함

❺ **天皇** ^{てんのう} 명 천황

❻ **階段** ^{かいだん} 명 계단

❼ **三人官女** ^{さんにんかんじょ} 명 궁궐에서 황후나 공주의 신변을 돌봐 주는 역할을 맡은 세 명의 여자

❽ **五人囃子** ^{ごにんばやし} 명 악기를 연주하여 결혼식 분위기를 띄어 주는 역할을 하는 다섯 명의 남자

❾ **雛人形** ^{ひなにんぎょう} 명 히나마츠리 때 장식되는 천왕과 황후의 결혼식을 나타내는 인형. 딸의 건강한 성장과 행복한 미래를 기도하는 부모의 마음이 담겨 있다.

こいびと
恋人
명 연인

だ
抱く
동 안다

そうめん
명 소면

むね は さ
胸が張り裂ける
관 (너무 슬퍼서)
가슴이 찢어질 것 같다

ささ
笹
명 조릿대

たんざく
短冊
명 글씨를 쓰거나
물건을 매다는
데 쓰는 종이

しつれん
失恋
명 실연

ぎ り
義理チョコ
명 여자가 연애 감정이
없는 남자에게 평소의
감사한 마음으로 주는
초콜릿을 말한다

ほんめい
本命チョコ
명 여자가 좋아하는
남자에게 선물하는
초콜릿을 말한다.

❶ <ruby>花火大会<rt>はなびたいかい</rt></ruby> 명 불꽃놀이 축제

❷ <ruby>花火<rt>はなび</rt></ruby> 명 불꽃놀이

❸ <ruby>夜空<rt>よぞら</rt></ruby> 명 밤하늘

❹ <ruby>橋<rt>はし</rt></ruby> 명 다리

❺ ビル 명 빌딩

❻ <ruby>夜景<rt>やけい</rt></ruby> 명 밤 풍경

♪ 373

❶ **色とりどり** 혱 색깔이 각양각색

❷ **笹の葉** 몡 조릿대 잎

❸ **色紙** 몡 색 종이

❹ **切り紙** 몡 자른 종이

❺ **鳥居** 몡 도리이 일본 신사 입구에 세운 기둥 문

❻ **注連縄** 몡 신성한 것과 부정한 것에 경계를 표시하는 밧줄

❼ **神社** 몡 신사

❽ **入り口** 몡 입구

❾ **願い** 몡 기원, 소망

星宿 せいしゅく
명 옛날에 중국에서 만들어진 28개의 별자리

わし座 ざ
명 독수리자리(견우)

琴座 ことざ
명 거문고자리(직녀)

天の川 あまがわ
명 은하, 맑은 밤 하늘에 강처럼 보이는 무수한 별

カササギの橋 はし
명 오작교

더 알아보기

- **ロマンチック** 명 로맨틱
- **感情** かんじょう 명 감정
- **慕う** した 동 연모하다
- **恋愛** れんあい 명 연애
- **片思い** かたおも 명 짝사랑
- **ひそかに思いを寄せる** おも よ 관 남몰래 연정을 품다
- **相手** あいて 명 상대
- **愛情** あいじょう 명 애정

♪375

煙突
명 굴뚝

クリスマス
カード
명 크리스마스 카드

マッチ
명 성냥

暖炉
명 난로

キャンディケイン
명 크리스마스 사탕

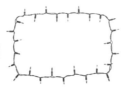

電飾
명 전구장식

ジンジャー
ブレッドマン
명 진저브레드맨 쿠키

♪ 376

暦
こよみ
명 달력

まつぼっくり
명 솔방울

キャンドル
명 양초

花火
はなび
명 불꽃

フラワーリース
명 플라워 리스

クリスマスの靴下
くつした
명 크리스마스 양말

♪ 377

サンタクロースの服 ふく
명 산타클로스 옷

ミトン
명 장갑

トナカイの角 つの
명 순록 뿔

トナカイ
명 순록

橇 そり
명 썰매

❶ **サンタ帽** ぼう 명 산타 모자

❷ **サンタクロース** 명 산타클로스

❸ **雪** ゆき 명 눈

❹ **毛皮** けがわ 명 모피

雪フレーク
ゆき
명 눈

雪だるま
ゆき
명 눈사람

**クリスマス
ツリー**
명 크리스마스 트리

クリスマスプレゼント
명 크리스마스 선물

クリスマスベル
명 크리스마스 종

더 알아보기

- **クリスマスイブ** 명 크리스마스 이브
- **クリスマスソング** 명 크리스마스 노래
- **クリスマスパーティー** 명 크리스마스 파티
- **プレゼント交換** 명 선물 교환
  こうかん
- **教会** 명 교회
  きょうかい

별자리
せい ざ
星座

Tip

띠
え と
干支

월, 요일
つき よう び
月、曜日

みずがめ ざ
水瓶座
몡 물병자리

うお ざ
魚座
몡 물고기자리

お ひつじ ざ
牡羊座
몡 양자리

おう し ざ
牡牛座
몡 황소자리

ふた ご ざ
双子座
몡 쌍둥이자리

かに ざ
蟹座
몡 게자리

獅子座
<ruby>獅<rt>しし</rt>子<rt>ざ</rt>座</ruby>
명 사자자리

乙女座
<ruby>乙女<rt>おとめ</rt>座<rt>ざ</rt></ruby>
명 처녀자리

天秤座
<ruby>天秤<rt>てんびん</rt>座<rt>ざ</rt></ruby>
명 천칭자리

蠍座
<ruby>蠍<rt>さそり</rt>座<rt>ざ</rt></ruby>
명 전갈자리

射手座
<ruby>射手<rt>いて</rt>座<rt>ざ</rt></ruby>
명 사수자리

山羊座
<ruby>山羊<rt>やぎ</rt>座<rt>ざ</rt></ruby>
명 염소자리

子
<ruby>子<rt>ね</rt></ruby>
명 쥐띠

丑
<ruby>丑<rt>うし</rt></ruby>
명 소띠

寅
<ruby>寅<rt>とら</rt></ruby>
명 호랑이띠

卯
<ruby>卯<rt>う</rt></ruby>
명 토끼띠

辰
<ruby>辰<rt>たつ</rt></ruby>
명 용띠

巳
<ruby>巳<rt>み</rt></ruby>
명 뱀띠

♪ 381

うま
午
명 말띠

ひつじ
未
명 양띠

さる
申
명 원숭이띠

とり
酉
명 닭띠

いぬ
戌
명 개띠

い
亥
명 돼지띠

睦月

いちがつ
一月
명 1월

如月

にがつ
二月
명 2월

弥生

さんがつ
三月
명 3월

卯月

しがつ
四月
명 4월

皐月

ごがつ
五月
명 5월

水無月

ろくがつ
六月
명 6월

文月

しちがつ
七月
명 7월

葉月

はちがつ
八月
명 8월

長月

く　がつ
九月
명 9월

神無月

じゅうがつ
十月
명 10월

霜月

じゅういちがつ
十一月
명 11월

師走

じゅうに　がつ
十二月
명 12월

MON

げつよう　び
月曜日
명 월요일

TUE

か　よう　び
火曜日
명 화요일

WED

すいよう　び
水曜日
명 수요일

THU

もくよう　び
木曜日
명 목요일

FRI

きんよう　び
金曜日
명 금요일

SAT

ど　よう　び
土曜日
명 토요일

Part 2
생활 속 반드시 필요한 것

(1) $0.6 \div 3 =$
(2) $7.2 \div 9 =$
(3) $8 \div 5 =$

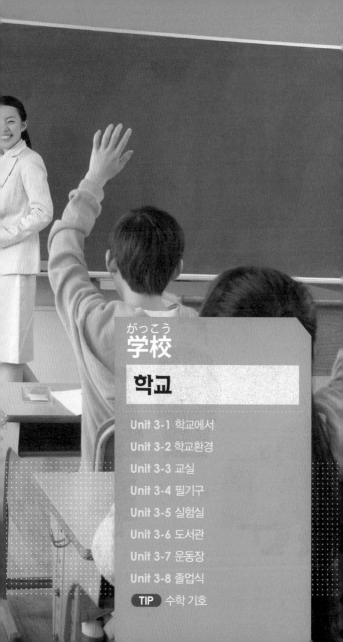

がっこう
学校

학교

い のこ
居残り
명 방과후 수업

がくせい
学生
명 학생

せんせい
先生
명 선생님

つくえ
机
명 책상

こうしょう
校章
명 학교의 휘장

ようむいん
用務員
명 관리인

しゅうし
修士
명 석사

がくぶちょう
学部長
명 학부장

がくし
学士
명 학사

더 알아보기

- **託児所** 명 탁아소
  (たくじしょ)
- **幼稚園** 명 유치원
  (ようちえん)
- **小学校** 명 초등학교
  (しょうがっこう)
- **中学校** 명 중학교
  (ちゅうがっこう)
- **高校** 명 고등학교
  (こうこう)
- **大学** 명 대학교
  (だいがく)
- **始業** 명 수업을 시작함
  (しぎょう)
- **公立学校** 명 공립학교
  (こうりつがっこう)
- **私立学校** 명 사립학교
  (しりつがっこう)
- **昼休み** 명 점심 시간
  (ひるやすみ)
- **転校** 명 전학
  (てんこう)
- **授業** 명 수업
  (じゅぎょう)
- **放課** 명 방과
  (ほうか)
- **下校** 명 하교
  (げこう)
- **大学院** 명 대학원
  (だいがくいん)
- **博士** 명 박사
  (はかせ)
- **校長** 명 교장
  (こうちょう)
- **講師** 명 강사
  (こうし)
- **准教授** 명 준교수
  (じゅんきょうじゅ)

① ソファ 명 소파

② 考え込む 통 골똘히 생각하다

③ 本棚 명 책장

④ 話し合う 통 의논하다

⑤ 電子機器 명 전자기기

⑥ 教科書 명 교과서

⑦ 集まり 명 모임

⑧ 友達 명 친구

⑨ フローリング 명 마루를 까는 널판지

⑩ 正座 명 무릎을 꿇고 앉음

♪ 388

- ^{せんもんこうこう}
  専門高校 명 전문학교
- ^{か がく ぎ じゅつだいがく}
  科学技術大学 명 과학기술대학
- ^{じ む しょくいん}
  事務職員 명 사무직원
- ^{しゅっせき}
  出席をとる 관 출석을 부르다
- ^{よう ち えん}
  バイリンガル幼稚園 명 2개 언어를 사용하는 유치원
- ^{しゃかいじんきょういく}
  社会人教育 명 사회인 교육
- ^{つうしんきょういく}
  通信教育 명 통신교육
- ^{なら}
  習う 동 배우다

- **テスト** 명 시험
- ^{ほうこく}
  報告 명 보고
- ^{どうきゅうせい}
  同級生 명 동급생

- **ルームメイト** 명 룸메이트
- ^{りょうかん}
  寮監 명 기숙사 사감

- **チャイム** 명 차임벨
- ^{きょうじゅ}
  教授 명 교수
- ^{じゅく}
  塾 명 학원
- ^{きょうそう}
  競争 명 경쟁
- ^{ゆうれつ}
  優劣 명 우열
- ^{ぎ む}
  義務 명 의무

학교

スクールバス
명 스쿨버스

バスケットボールコート
명 농구장

しょくいんしつ
職員室
명 직원실

こうどう
講堂
명 강당

おんがくきょうしつ
音楽教室
명 음악 교실

プール

명 수영장

火災報知器

명 화재경보기

野球場
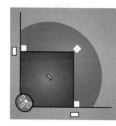
명 야구장

美術教室
명 미술 교실

バドミントンコート
명 배드민턴 코트

運動場
명 운동장

建物
명 건물

遊び場
명 놀이터

会議室 ^{かいぎしつ}
명 회의실

ウォーターサーバー
명 정수기

更衣室 ^{こういしつ}
명 탈의실

避難ルート ^{ひなん}
명 비상구

駐車場 ^{ちゅうしゃじょう}
명 주차장

廊下 ^{ろうか}
명 통로

ロッカー
명 사물함

学食
がくしょく

명 학생식당

閲覧室
えつらんしつ

명 열람실

応接室
おうせつしつ

명 응접실

더 알아보기

- **校門** 명 학문
  こうもん
- **保健室** 명 보건실
  ほけんしつ
- **校長室** 명 학장실
  こうちょうしつ
- **生徒会室** 명 학생회실
  せいとかいしつ
- **体育館** 명 체육관
  たいいくかん
- **会計室** 명 회계실
  かいけいしつ
- **地下室** 명 지하실
  ちかしつ
- **階段** 명 계단
  かいだん
- **階** 명 층
  かい
- **視聴覚センター** 명 시청각 센터
  しちょうかく
- **テニスコート** 명 테니스 코트
- **バレーコート** 명 배구 코트

♪ 393

Unit 3-3

학교
교실
きょうしつ
教室

えんだい
演台
명 연탁

ち きゅう ぎ
地球儀
명 지구본

スクリーン
명 스크린

けい じ ばん
掲示板
명 게시판

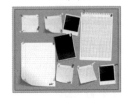

プロジェクター
명 프로젝터

トイレ
명 화장실

じ かんわり
時間割
명 시간표

ほんだな
本棚
명 책장

弁当袋
べんとうぶくろ

명 도시락 가방

ゴミ箱
ばこ

명 쓰레기통

標語
ひょうご

명 표어

カンニング

명 시험칠 때 부정행위

**リサイクル
ボックス**

명 재활용 박스

コンピュータールーム

명 컴퓨터실

宿題
しゅくだい

명 숙제

フラッシュカード

명 플래시 카드(교재용 카드)

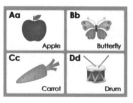

♪ 395

❶ 黒板 _{こくばん} 명 칠판

❷ 数式 _{すうしき} 명 (수학)수식

❸ チョーク 명 분필

❹ 先生 명 선생님

❺ 手を挙げる _{て あ} 관 손을 들다

❻ 同級生 _{どうきゅうせい} 명 동급생

❼ 黒板消し _{こくばん け} 명 칠판 지우개

❽ 転校生 _{てんこうせい} 명 전학생

❾ 机 _{つくえ} 명 책상

❿ 生徒 _{せい と} 명 학생

磁石
じ しゃく
명 자석

N 極
きょく
명 (자석)N극

S 極
きょく
명 (자석)S극

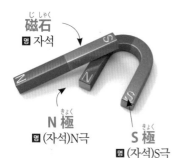

ポスター
명 포스터

ホワイトボード
명 화이트보드

せいふく 制服
명 제복

テキスト
명 교과서

学生カバン
がくせい
명 학생 가방

ホワイトボードマーカー
명 화이트보드
보드 마커

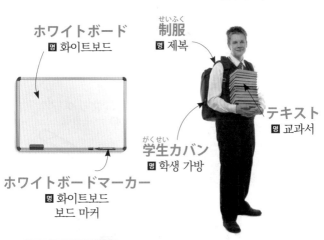

더 알아보기

- **語学教室** 명 어학 교실
  ご がくきょうしつ
- **音楽室** 명 음악실
  おんがくしつ
- **マルチメディア室** 명 멀티미디어실
  しつ
- **放送** 명 방송
  ほうそう
- **学生指導室** 명 학생지도실
  がくせい し どうしつ

♪ 397

さんかくじょう ぎ
三角定規
명 삼각자

した じ
下敷き
명 책받침

コンパス
명 컴퍼스

ゼムクリップ
명 종이 클립

け
消しゴム
명 지우개

ボールペン
명 볼펜

ハサミ
명 가위

えんぴつ
鉛筆
명 연필

ホチキス
명 호치키스

♪ 398

分度器
ぶんどき
图 각도기

蛍光ペン
けいこう
图 형광펜

学校

セロテープ台
だい
图 셀로판테이프 커터

電卓
でんたく
图 전자
계산기

テープ
图 테이프

クリアファイル
图 클리어파일

鉛筆削り器
えんぴつけず き
图 연필깎기

付箋
ふ せん
图 포스트잇

画鋲
が びょう
图 압정

シャープペン
图 샤프 펜슬

♪ 399

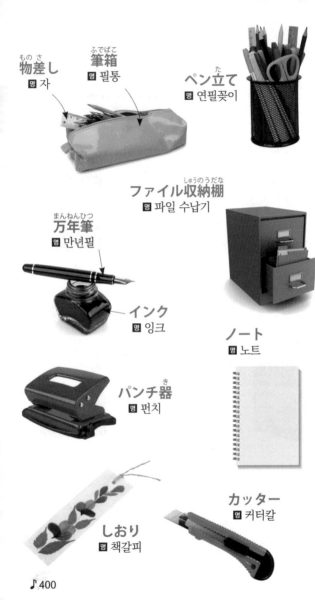

物差し
もの さ
명 자

筆箱
ふでばこ
명 필통

ペン立て
た
명 연필꽂이

ファイル収納棚
しゅうのうだな
명 파일 수납기

万年筆
まんねんひつ
명 만년필

インク
명 잉크

ノート
명 노트

パンチ器
き
명 펀치

しおり
명 책갈피

カッター
명 커터칼

♪ 400

修正液
しゅうせいえき
명 수정액

シャープペンの芯
しん
명 샤프심

修正テープ
しゅうせい
명 수정테이프

バインダーファイル
명 파일 바인더

スティック糊
のり
명 스틱 풀

ボンド
명 본드

辞書
じしょ
명 사전

ホチキスの針
はり
명 호치키스 심

ダブルクリップ
명 더블 클립

アルコールランプ

명 알코올램프

メスシリンダー

명 메스실린더

三角フラスコ

さんかく
명 삼각 플라스크

漏斗
ろうと
명 깔때기

スポイト
명 스포이드

試験管ブラシ
し けんかん

명 시험관 브러시

培養皿
ばいようざら
명 배양 접시

遠心分離器
えんしんぶんりき
명 원심 분리기

防毒マスク
ぼうどく
명 방독 마스크

糖度計
とうどけい
명 당도계

電子秤
でんしはかり
명 전자저울

湿度計
しつどけい
명 습도계

ピンセット
명 핀셋

♪ 403

防塵マスク
（ぼうじん）
명 방진마스크

防塵服
（ぼうじんふく）
명 방진복

ゴム手袋
（てぶくろ）
명 고무장갑

解剖メス
（かいぼう）
명 해부 메스

ペーパーフィルター
명 종이 필터

標本
（ひょうほん）
명 표본

試験管
（しけんかん）
명 시험관

試験管立て
（しけんかんだ）
명 시험관 꽂이

顕微鏡
（けんびきょう）
명 현미경

学校

温度計
<ruby>温<rt>おん</rt>度<rt>ど</rt>計<rt>けい</rt></ruby>
명 온도계

ゴーグル
명 고글

三脚
<ruby>三<rt>さん</rt>脚<rt>きゃく</rt></ruby>
명 삼각

広口瓶
<ruby>広<rt>ひろ</rt>口<rt>くち</rt>瓶<rt>びん</rt></ruby>
명 광구병
(입구가 넓은 병)

リトマス試験紙
<ruby>試<rt>し</rt>験<rt>けん</rt>紙<rt>し</rt></ruby>
명 리트머스 시험지

더 알아보기

- **ガラス攪拌棒** <ruby>攪<rt>かく</rt>拌<rt>はん</rt>棒<rt>ぼう</rt></ruby> 명 유리 막대
- **カバーガラス** 명 유리덮개
- **スライドガラス** 명 슬라이드 유리
- **試験管クリップ** <ruby>試<rt>し</rt>験<rt>けん</rt>管<rt>かん</rt></ruby> 명 시험관 클립
- **金網** <ruby>金<rt>かな</rt>網<rt>あみ</rt></ruby> 명 철망

としょかんいん
図書館員
명 도서관 사서

ほん
本
명 책

ほん か
本を借りる
관 책을 빌리다

ほん かえ
本を返す
관 책을 돌려주다

しょぞう
所蔵
명 소장

ほんだな
本棚
명 책장

しんぶん
新聞
명 신문

かんちょう
館長
명 도서관 관장

♪ 406

返却日 ᵇ ᵉⁿ ᵏʸᵃᵏᵘ ᵇⁱ
명 반납일

寄贈本 ᵏⁱ ᶻᵒᵘᵇᵒⁿ
명 기증책

定期刊行物 ᵗᵉⁱ ᵏⁱ ᵏᵃⁿᵏᵒᵘᵇᵘᵗˢᵘ
명 정기간행물

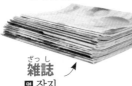

雑誌 ᶻᵃˢˢⁱ
명 잡지

本立て ʰᵒⁿ ᵗᵃ
명 책꽂이

返却箱 ʰᵉⁿᵏʸᵃᵏᵘᵇᵃᵏᵒ
명 반납함

閲覧室 ᵉᵗˢᵘʳᵃⁿˢʰⁱᵗˢᵘ
명 열람실

8 600340 506509

バーコード
명 바코드

勉強会 related

べんきょうかい
勉強会
명 공부 모임

だんわしつ
談話室
명 담화실

はね
羽根ペン
명 깃털펜

インク
명 잉크

ちずしゅう
地図集
명 지도
전집

♪408

더 알아보기

- **通路** 명 통로
  <small>つう ろ</small>
- **書庫** 명 서고
  <small>しょ こ</small>
- **図書コード** 명 도서관코드
  <small>と しょ</small>
- **貸出カード** 명 대출 카드
  <small>かしだし</small>
- **貸出延長** 명 대출 연장
  <small>かしだしえんちょう</small>
- **期限を過ぎる** 관 기한을 넘기다
  <small>き げん　　す</small>
- **延滞料金** 명 연체요금
  <small>えんたいりょうきん</small>
- **開館時間** 명 개관시간
  <small>かいかん じ かん</small>
- **週刊** 명 주간
  <small>しゅうかん</small>
- **月刊** 명 월간
  <small>げっかん</small>
- **新聞ホルダー** 명 신문 걸이
  <small>しんぶん</small>
- **分類** 명 분류
  <small>ぶんるい</small>
- **参考書目録** 명 참고서 목록
  <small>さんこうしょもくろく</small>
- **デジタルリソース** 명 디지털 자원
- **年鑑** 명 연감
  <small>ねんかん</small>
- **文集** 명 문집
  <small>ぶんしゅう</small>
- **索引** 명 색인
  <small>さくいん</small>
- **検索番号** 명 검색번호
  <small>けんさくばんごう</small>
- **ダイジェスト** 명 요약

すなば
砂場
명 모래밭

へいきんだい
平均台
명 평균대

すべだい
滑り台
명 미끄럼틀

なわと
縄跳び
명 줄넘기

シーソー
명 시소

♪ 410

ブランコ
명 그네

国旗 (こっき)
명 국기

リレーバトン
명 릴레이 버튼

チームメイト
명 팀 동료

リレー競走 (きょうそう)
명 릴레이 경쟁

ビブス
명 팀 조끼

スポーツマン
명 운동선수

鉄棒 (てつぼう)
명 철봉

審判員 (しんぱんいん)
명 심판

記録係 (きろくがかり)
명 기록원

♪ 411

❶ 学校（がっこう）명 학교

❷ 屋根（やね）명 지붕

❸ 建物（たてもの）명 건물

❹ 窓（まど）명 창문

❺ 芝生（しばふ）명 잔디밭

❻ 溝（みぞ）명 도랑

❼ トラック 명 트랙

❽ ゴール 명 골대

❾ スタンド 명 스탠드

♪ 412

- 選手 ^{せんしゅ} 명 선수
- かくれんぼ 명 숨바꼭질
- ジャングルジム 명 정글짐
- 花壇 ^{か だん} 명 화단
- 塀 ^{へい} 명 담
- 運動会 ^{うんどうかい} 명 운동회
- 相手 ^{あい て} 명 상대
- チーム 명 팀
- ジョギング 명 조깅
- 競走 ^{きょうそう} 명 경주
- コンテスト 명 대회
- 練る ^ね 동 연마하다
- 集まる ^{あつ} 동 모이다
- 石 ^{いし} 명 돌
- 砂利 ^{じゃ り} 명 모래
- コート 명 경기장
- 朝礼 ^{ちょうれい} 명 조례
- 汗水 ^{あせみず} 명 물처럼 흐르는 땀

학교

♪ 413

アカデミック
ドレス
명 대학 예복

モルタル
ボード
명 학사모

そつぎょうせい
卒業生
명 졸업생

そつぎょうしょうしょ
卒業証書
명 졸업증서

しょうじょう
賞状
명 상장

リムジン
명 리무진

はなたばぞうてい
花束贈呈
명 꽃다발 증정

♪ 414

角帽
かくぼう
명 사각모자

房飾り
ふさかざり
명 술 장식

フード
명 후드
(박사／석사)

ガウン
명 가운

就職
しゅうしょく
명 취직

スピーチ
명 연설

挨拶の言葉
あいさつ ことば
명 인사말

楽団
がくだん
명 악단

♪415

髪飾り かみかざり
명 머리 장식

ショール
명 숄

帯 おび
명 띠

❶ 結い髪 ゆ がみ 명 틀어 올린 머리
❷ アップヘア 명 올린 머리
❸ メイク 명 화장
❹ 二十歳 はたち 명 스무 살
❺ 着物 き もの 명 기모노
❻ 柄 がら 명 무늬

더 알아보기

학교

- **在校生** ぎいこうせい 명 재학생
- **成績表** せいせきひょう 명 성적표
- **単位** たんい 명 학점
- **卒業** そつぎょう 명 졸업
- **ダンスパーティー** 명 댄스 파티
- **成人式** せいじんしき 명 성인식
- **成年** せいねん 명 성년
- **伝統** でんとう 명 전통
- **卒業シーズン** そつぎょう 명 졸업 시즌
- **思い出** おもで 명 추억
- **茶会** ちゃかい 명 다도회
- **両親** りょうしん 명 부모
- **相棒** あいぼう 명 동료
- **カップル** 명 커플
- **祝福** しゅくふく 명 축복
- **幸福** こうふく 명 행복
- **涙** なみだ 명 눈물
- **成長** せいちょう 명 성장

負符号
ふ ふ ごう
图 부등호

等号否定
とうごう ひ てい
图 등호부정

漸進的等しい
ぜんしんてきひと
图 좌, 우의 값이
비슷하다

小なり
しょう
图 작다

大なり
だい
图 크다

角括弧
かくかっ こ
图 대괄호

乗算記号
じょうざん き ごう
图 곱셈 기호

小なり イコール
しょう
图 작거나 같다

大なり イコール
だい
图 크거나 같다

＝
等号
<ruby>等<rt>とう</rt>号<rt>ごう</rt></ruby>
명 등호

＋
正符号
<ruby>正<rt>せい</rt>符<rt>ふ</rt>号<rt>ごう</rt></ruby>
명 정부호

△
デルタ
명 델타

π
パイ
명 파이

Σ
総和記号
<ruby>総<rt>そう</rt>和<rt>わ</rt>記<rt>き</rt>号<rt>ごう</rt></ruby>
명 시그마

∅
空集合
<ruby>空<rt>そら</rt>集<rt>しゅう</rt>合<rt>ごう</rt></ruby>
명 공집합

∫
積分記号
<ruby>積<rt>せき</rt>分<rt>ぶん</rt>記<rt>き</rt>号<rt>ごう</rt></ruby>
명 적분기호

÷
除算記号
<ruby>除<rt>じょ</rt>算<rt>さん</rt>記<rt>き</rt>号<rt>ごう</rt></ruby>
명 나눗셈 기호

( )
括弧
<ruby>括<rt>かっ</rt>弧<rt>こ</rt></ruby>
명 괄호

{ }
波括弧
<ruby>波<rt>なみ</rt>括<rt>かっ</rt>弧<rt>こ</rt></ruby>
명 중괄호

∞
無限大
<ruby>無<rt>む</rt>限<rt>げん</rt>大<rt>だい</rt></ruby>
명 무한대

√
ルート
명 루트

♪ 419

Part 2
생활 속 반드시
필요한 것

仕事
しごと

회사

名刺
<ruby>名<rt>めい</rt>刺<rt>し</rt></ruby>
명 명함

ファックス
명 팩스

シュレッダー
명 문서세단기

タイムレ
コーダー →
명 타임 레코드

コピー機
<ruby>機<rt>き</rt></ruby>
명 복사기

裁断機
<ruby>裁<rt>さい</rt>断<rt>だん</rt>機<rt>き</rt></ruby>
명 재단기

プリンター複合機
명 프린터 복합기

電話内線
명 내선 전화

財務諸表
명 재무제표

プレゼンテーション
명 프레젠테이션

テレビ会議
명 화상 통화

卓上カレンダー
명 탁상 달력

出張
명 출장

♪ 423

顧客
こきゃく
명 고객

面接者
めんせつしゃ
명 면접자

面接官
めんせつかん
명 면접관

面接
めんせつ
명 면접

金庫
きんこ
명 금고

IC社員証
しゃいんしょう
명 IC사원증

ドアノブ
명 문손잡이

総合受付
そうごううけつけ
명 종합 접수처

契約
けいやく
명 계약

❶ 会議室 명 회의실
かいぎしつ

❷ 同僚 명 동료
どうりょう

❸ オープンスペース 명 오픈 스페이스

❹ パソコンチェア 명 컴퓨터 의자

❺ 小部屋 명 작은 방
こべや

❻ 上司 명 상사
じょうし

❼ 企画書 명 기획서
きかくしょ

❽ パソコンデスク 명 컴퓨터 책상

❾ 間仕切り 명 칸막이
まじき

❿ オフィスデスク 명 오피스 책상

회사

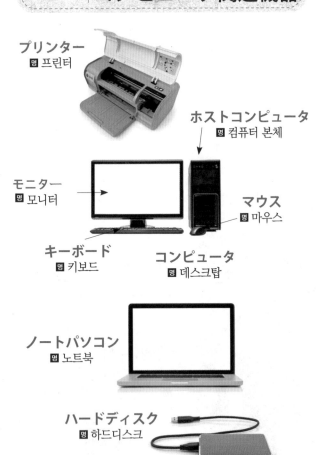

プリンター
명 프린터

ホストコンピュータ
명 컴퓨터 본체

モニター
명 모니터

マウス
명 마우스

キーボード
명 키보드

コンピュータ
명 데스크탑

ノートパソコン
명 노트북

ハードディスク
명 하드디스크

タッチ式
명 터치식

タブレット
명 태블릿PC

マウスパッド
명 마우스패드

スピーカー
명 스피커

ワイヤレスマウス
명 무선 마우스

ルーター
명 라우터

ソフトウェア
명 소프트웨어

スキャナー
명 스캐너

♪ 427

レーザーポインター
🔲 레이저 포인터

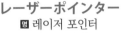

サウンドカード
🔲 사운드 카드

ウェブカメラ
🔲 웹 카메라

モデム
🔲 모뎀

電源
でんげん
🔲 전원

USB
ユーエスビー
🔲 USB

メモリーカード
🔲 메모리카드

Wi-Fi ルーター
🔲 Wi-Fi 라우터

カードリーダー
🔲 카드 리더기

♪ 428

CPU
^{シーピーユー}

명 CPU

ハブ
명 허브

マザーボード
명 메인 보드

CDレコーダー
명 CD-RW

メモリ
명 메모리

DVDレコーダー
명 DVD 레코더

グラフィックカード
명 그래픽 카드

報告書
ほうこくしょ
명 보고서

財務諸表
ざいむしょひょう
명 재무제표

コスト
명 원가, 비용

利息
りそく
명 이익

利潤
りじゅん
명 이윤

株主
かぶぬし
명 주주

欠損
けっそん
명 결손

資産
しさん
명 자산

ブレインストーミング
명 브레인스토밍

金融
<small>きんゆう</small>
명 금융

企画会議
<small>きかくかいぎ</small>
명 기획회의

株
<small>かぶ</small>
명 주식

取締役会
<small>とりしまりやくかい</small>
명 이사회

委員会会議
<small>いいんかいかいぎ</small>
명 위원회회의

予算会議
<small>よさんかいぎ</small>
명 예산회의

しゅっせきしゃ
出席者
명 출석자

ぎちょう
議長
명 의장

こうしょう
交渉
명 교섭

ぎじろく
議事録
명 의사록

はんたい
反対
명 반대

さんせい
賛成
명 찬성

ぎじにってい
議事日程
명 의사일정

アドバイス
명 충고

コンセンサス
명 의견 일치

はつげん
発言
명 발언

とうひょう
投票
명 투표

しゅうにゅう
収入
명 수입

ひょうろん
評論
명 평론

ちゃがし
お茶菓子
명 다과

더 알아보기

- はんばい
  販売 명 판매
- ししゅつ
  支出 명 지출
- にんめい
  任命 명 임명
- たちば
  立場 명 입장
- つうか
  通過 명 통과
- しゅうせい
  修正 명 수정
- そうあん
  草案 명 초안
- えんき
  延期 명 연기

冬のボーナス
ふゆ
명 겨울 보너스

ボーナス
명 보너스

給料
きゅうりょう
명 급여

昇給
しょうきゅう
명 급여 인상

応募
おう ぼ
명 응모

面接
めんせつ
명 면접

求人
きゅうじん
명 구인

辞職
じ しょく
명 사직

昇進
しょうしん
명 승진

解雇
<ruby>解<rt>かい</rt></ruby><ruby>雇<rt>こ</rt></ruby>
명 해고

時給
<ruby>時<rt>じ</rt></ruby><ruby>給<rt>きゅう</rt></ruby>
명 시급

年俸
<ruby>年<rt>ねん</rt></ruby><ruby>俸<rt>ぼう</rt></ruby>
명 연봉

月給
<ruby>月<rt>げっ</rt></ruby><ruby>給<rt>きゅう</rt></ruby>
명 월급

仕事の機会
<ruby>仕<rt>し</rt></ruby><ruby>事<rt>ごと</rt></ruby>の<ruby>機<rt>き</rt></ruby><ruby>会<rt>かい</rt></ruby>
명 일할 기회

転職
<ruby>転<rt>てん</rt></ruby><ruby>職<rt>しょく</rt></ruby>
명 전직

失業
<ruby>失<rt>しつ</rt></ruby><ruby>業<rt>ぎょう</rt></ruby>
명 실업

♪ 435

けんこう ほ けん
健康保険
명 건강보험

けいやくしゃいん
契約社員
명 계약사원

けいやく　し ごと
契約の仕事
명 계약직

たいしょくきん
退職金
명 퇴직금

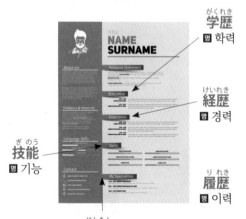

がくれき
学歴
명 학력

けいれき
経歴
명 경력

ぎ のう
技能
명 기능

り れき
履歴
명 이력

せんもん
専門
명 전문

<ruby>健康診断<rt>けんこうしんさ</rt></ruby>
뎽 건강검진

회사

<ruby>福利厚生<rt>ふくりこうせい</rt></ruby>
뎽 복리후생

<ruby>社員旅行<rt>しゃいんりょこう</rt></ruby>
뎽 사원여행

<ruby>実習生<rt>じっしゅうせい</rt></ruby>
뎽 실습생

더 알아보기

- <ruby>雇用<rt>こよう</rt></ruby> 뎽 고용
- <ruby>試用期間<rt>しようきかん</rt></ruby> 뎽 수습기간
- <ruby>正社員<rt>せいしゃいん</rt></ruby> 뎽 정사원
- <ruby>基本給<rt>きほんきゅう</rt></ruby> 뎽 기본급
- <ruby>産休<rt>さんきゅう</rt></ruby> 뎽 출산휴가
- バイト 뎽 아르바이트

排ガス
はい
명 배기가스

稼働
か どう
명 가동

製造
せいぞう
명 제조

歯車
は ぐるま
명 톱니바퀴

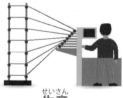

生産
せいさん
명 생산

操作
そう さ
명 조작

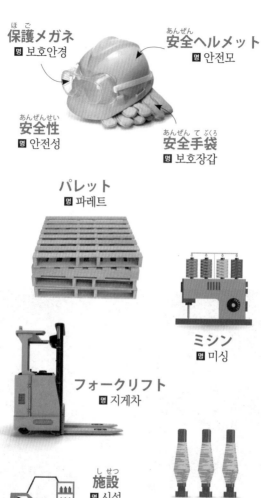

保護メガネ
명 보호안경

安全ヘルメット
명 안전모

安全性
명 안전성

安全手袋
명 보호장갑

パレット
명 파레트

ミシン
명 미싱

フォークリフト
명 지게차

施設
명 시설

グッズ
명 상품

① **建物** <small>たてもの</small> 몡 건물

② **番号** <small>ばんごう</small> 몡 번호

③ **スチール製** <small>せい</small> 몡 강철제

④ **機械** <small>きかい</small> 몡 기계

⑤ **通路** <small>つうろ</small> 몡 통로

⑥ **鋼鉄** <small>こうてつ</small> 몡 강철

⑦ **柱** <small>はしら</small> 몡 기둥

⑧ **作業員** <small>さぎょういん</small> 몡 작업자

♪ 440

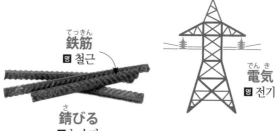

鉄筋 뗑 철근

電気 뗑 전기

錆びる 뎡 녹슬다

金属 뗑 금속

더 알아보기

- **製品** 뗑 제품
- **生産量** 뗑 생산량
- **現代** 뗑 현대
- **電働** 뗑 전동
- **工業** 뗑 공업
- **技術** 뗑 기술
- **産業** 뗑 산업

- **メンテナンス** 뗑 유지보수
- **ストック** 뗑 재고품
- **材料** 뗑 재료
- **物質** 뗑 물질

お百姓さん
ひゃくしょう
명 농부

剪定
せんてい
명 전정, 가지치기

牧場経営者
ぼくじょうけいえいしゃ
명 목장경영자

飼育
しいく
명 사육

植える
う
동 심다

収穫
しゅうかく
명 수확

耕作
こうさく
명 경작

ぼくそう
牧草
명 목초

た はた
田畑
명 경작지

つち たがや
土を耕す
관 흙을 갈다

こううん き
耕運機
명 경운기

회사

ほしくさ
干草
명 건초

バター
명 버터

めんよう
綿羊
명 면양

にゅうぎゅう
乳牛
명 젖소

うまご や
馬小屋
명 마구간

かりとり き
刈取機
명 수확기

♪443

搾乳機
<ruby>搾乳機<rt>さくにゅうき</rt></ruby>
명 착유기

ひよこ
명 병아리

ピストル
명 권총

カウボーイ
명 카우보이

穀倉
<ruby>穀倉<rt>こくそう</rt></ruby>
명 곡창

獣医
<ruby>獣医<rt>じゅうい</rt></ruby>
명 수의사

飼料
<ruby>飼料<rt>しりょう</rt></ruby>
명 사료

雄鶏
<ruby>雄鶏<rt>おんどり</rt></ruby>
명 수탉

雌鳥
<ruby>雌鳥<rt>めんどり</rt></ruby>
명 암탉

♪ 444

① **晴れ** 〔は〕 圐 맑음

② **平屋** 〔ひらや〕 圐 평야

③ **垣根** 〔かきね〕 圐 울타리

④ **農家** 〔のうか〕 圐 농가

⑤ **泥** 〔どろ〕 圐 진흙

⑥ **緑地** 〔りょくち〕 圐 녹초

⑦ **草を食べる** 〔くさ・た〕 판 풀을 먹다

⑧ **馬** 〔うま〕 圐 말

⑨ **蹄** 〔ひづめ〕 圐 발굽

⑩ **野原** 〔のはら〕 圐 들판

しゃしん か
写真家
명 사진가

たんてい
探偵
명 탐정

けんちく か
建築家
명 건축가

て じなし
手品師
명 마술사

だい く
大工
명 목수

ぐんじん
軍人
명 군인

か がくしゃ
科学者
명 과학자

げいじゅつ か
芸術家
명 예술가

べん ご し
弁護士
명 변호사

♪ 446

ボクサー
명 복서

かんとく
監督
명 감독

えんげい か
園芸家
명 원예가

だんせいはいゆう
男性俳優
명 남자배우

じょせいはいゆう
女性俳優
명 여자배우

さっ か
作家
명 작가

デザイナー
명 디자이너

てんもんがくしゃ
天文学者
명 천문학자

う ちゅう ひ こう し
宇宙飛行士
명 우주비행사

♪ 447

パン職人
しょくにん
명 제빵사

レーサー
명 레이서

外交官
がいこうかん
명 외교관

理髪師
りはつし
명 이발사

大道芸人
だいどうげいにん
명 거리예술가

政治家
せいじか
명 정치가

配達員
はいたついん
명 배달원

♪ 448

執事(しつじ)
명 집사

記者(きしゃ)
명 기자

モデル
명 모델

エンジニア
명 엔지니어

ライフ
セーバー
명 인명구조원

漁師(りょうし)
명 어부

パイロット
명 파일럿

技能労働者(ぎのうろうどうしゃ)
명 기술자

♪ 449

Part 3
필요시 유용한
상용 단어

銀行
ぎんこう

은행

Unit 1-1 은행 서비스

Unit 1-2 현금 인출기

TIP 각국의 화폐

こうか
硬貨
명 금속 화폐

がいか りょうがえ
外貨両替
명 외화 환전

さつ
札
명 지폐

けい び いん
警備員
명 경비원

ぎんこういん
銀行員
명 은행원

かんし
監視カメラ
명 감시 카메라

けいほう
警報ベル
명 경보벨

こぎって
小切手
명 수표

証明書類
しょうめいしょるい
명 증명 서류

ローン
명 신용 거래

小切手帳
こぎってちょう
명 수표장

保険
ほけん
명 보험

セーフティーボックス
명 귀중품 보관소

口座
こうざ
명 계좌

現金輸送車
げんきんゆそうしゃ
명 현금 수송차

為替レート
_{かわせ}
명 환율

不良債権
_{ふ りょうさいけん}
명 불량 채권

紙幣計数機
_{し へいけいすう き}
명 지폐 계수기

身分証明書
_{み ぶんしょうめいしょ}
명 신분증

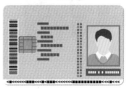

더 알아보기

- **小銭** _{こ ぜに} 명 잔돈
- **利息** _{り そく} 명 이익
- **利率** _{り りつ} 명 이율
- **為替手形** _{かわせ て がた} 명 외국환어음
- **複利** _{ふくり} 명 복리
- **当座預金口座** _{とう ざ よ きんこう ざ} 명 당좌예산계좌
- **口座を開く** _{こう ざ ひら} 관 계좌를 열다
- **残高** _{ざんだか} 명 잔액
- **小切手を現金化する** _{こ ぎって げんきん か} 관 수표를 현금화하다
- **トラベラーズチェック** 명 여행자 수표

더 알아보기

- **額面** がくめん 명 액면

- **ファンド** 명 펀드

- **海外ファンド** かいがい 명 해외펀드

- **紛失届けを出す** ふんしつとど だ 관 분실 신고를 하다

- **担保** たんぽ 명 담보

- **信用格付** しんようかくづけ 명 신용 등급

- **裏書** うらがき 명 배서

- **外国為替** がいこくかわせ 명 외환

- **分割支払** ぶんかつしはらい 명 분할 지급

- **抵当** ていとう 명 저당

- **署名** しょ 명 서명

- **本店** ほんてん 명 본점

- **支店** してん 명 지점

- **監査役** かんさやく 명 감사역

- **部長** ぶちょう 명 부장

- **次長** じちょう 명 차장

- **印鑑** いんかん 명 인감

- **朱肉** しゅにく 명 인주

- **金庫** きんこ 명 금고

Unit 1-2
은행
현금 인출기
ATM

キャッシュカード
명 현금 인출 카드

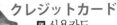

クレジットカード
명 신용카드

ICカード
명 IC카드

明細表 (めいさいひょう)
명 명세표

振り込み (ふ り こ)
명 입금

割り引き券 (わ び けん)
명 할인권

紙幣 (し へい)
명 지폐

COUPON OFFER
50% OFF
• Lorem ipsum • Lorem ipsum • Lorem ipsum

現金 (げんきん)
명 현금

通帳 (つうちょう)
명 통장

- 手数料 _명 수수료
- 普通預金口座 _명 보통예금계좌
- 定期預金口座 _명 정기예금계좌
- 口座番号 _명 계좌번호
- 口座名義 _명 예금주
- 他行への振り込み _관 타행 입금
- お金を引き出す _관 인출
- 暗証番号 _명 비밀번호
- 海外引き出し _명 해외 인출
- 他銀行口座の引き出し _관 타행 인출
- カード利用開始 _명 카드 개통
- バーコード _명 바코드
- 取引金額 _명 거래 금액
- 取引状況 _명 거래 상태
- カード没収 _명 카드 몰수
- お取引が正常に行なわれました _관 거래 성공
- カードを入れ直して下さい _관 카드를 다시 넣어 주세요.
- 小切手を現金化する _관 수표를 현금화하다
- 数量 _명 수량

❶ 現金自動預け払い機 _명 자동인출기(ATM)
❷ 設定 _명 설정
❸ 残高 _명 잔고
❹ お預け入れ _명 예탁
❺ テンキー _명 숫자판
❻ 通帳挿入口 _명 통장 삽입구
❼ カード挿入口 _명 카드 삽입구
❽ 現金取り出し口 _명 현금인출구

Select a transaction

♪ 458

- **確認** かくにん 명 확인
- **選ぶ** えら 동 선택하다
- **指紋** しもん 명 지문
- **選択** せんたく 명 선택
- **取り扱う** とあつか 동 조작하다
- **問い合わせ** とあ 명 문의
- **振込** ふりこみ 명 입금
- **正しい** ただ 형 정확하다
- **的確** てきかく 명 들어맞음
- **ボタン** 명 버튼
- **詐欺** さぎ 명 사기
- **偽造** ぎぞう 명 위조
- **窺う** うかが 동 살피다
- **クレジットカード番号** ばんごう 명 신용카드 번호
- **証明** しょうめい 명 증명
- **取り消し** とけ 명 취소
- **キャンセル** 명 취소
- **訂正** ていせい 명 정정
- **明細表出口** めいさいひょうでぐち 명 명세표 출구
- **エラー** 명 오류
- **予防** よぼう 명 예방

米ドル / アメリカ
べい
명 미국 달러 / 미국

ウォン / 韓国
かんこく
명 원 / 한국

香港ドル / 香港
ほんこん　　　ほんこん
명 홍콩 달러 / 홍콩

ドン / ベトナム
명 동 / 베트남

パタカ / マカオ
명 파타카 / 마카오

人民元 / 中国
じんみんげん　ちゅうごく
명 인민폐 / 중국

円 / 日本
えん　に ほん
명 엔 / 일본

♪ 460

フィリピンペソ /
フィリピン
명 필리핀 페소 / 필리핀

タイバーツ / タイ
명 타이 바트 / 태국

リンギット / マレーシア
명 링깃 / 말레이시아

チャット / ミャンマー
명 짯 / 미얀마

台湾元 / 台湾
명 대만 달러 / 대만

リエル / カンボジア
명 리엘 / 캄보디아

ルピア / インドネシア
명 루피아 / 인도네시아

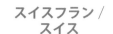

スイスフラン /
スイス
명 스위스 프랑 / 스위스

ユーロ / ヨーロッパ
명 유로 / 유럽

ルーブル / ロシア
명 루블 / 러시아

フランスフラン / フランス
명 프랑스 프랑 /
프랑스

マルク / ドイツ
명 마르크 / 독일

オーストリアシリング /
オーストリア
명 오스트리아 실링 /
오스트리아

リラ / イタリア
명 리라 / 이탈리아

♪ 462

インドルピー / インド
명 인도 루피 / 인도

エジプトポンド / エジプト
명 이집트 파운드 / 이집트

ポンド / イギリス
명 파운드 / 영국

オーストラリアドル / オーストラリア
명 오스트레일리아 달러 / 오스트레일리아

シンガポールドル / シンガポール
명 싱가포르 달러 / 싱가포르

ニュージーランドドル / ニュージーランド
명 뉴질랜드 달러 / 뉴질랜드

メキシコペソ / メキシコ
명 멕시코 페소 / 멕시코

Part 3
필요시 유용한
상용 단어

ゆうびんきょく
郵便局

우체국

Unit 2-1 우체국 서비스

Unit 2-2 편지와 소포

取扱注意
とりあつかいちゅうい
명 취급 주의

保険付き小包
ほけんづ こづつみ
명 안심소포(보험)

こわれ物
もの
명 파손되기
쉬운 물건

貴重品
きちょうひん
명 귀중품

速達
そくたつ
명 빠른 우편

破損
はそん
명 파손

郵便配達員
ゆうびんはいたついん
명 우편집배원

郵便ポスト
<ruby>郵便<rt>ゆうびん</rt></ruby>
명 우체통

郵便車
<ruby>郵便車<rt>ゆうびんしゃ</rt></ruby>
명 우편택배차

はかり
명 저울

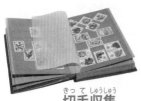

切手収集
<ruby>切手収集<rt>きってしゅうしゅう</rt></ruby>
명 우표 수집

梱包用粘着テープ
<ruby>梱包用粘着<rt>こんぼうようねんちゃく</rt></ruby>
명 포장용 테이프

スタンプ
명 스탬프

スタンプ台
<ruby>台<rt>だい</rt></ruby>
명 스탬프 잉크

♪ 467

① 小包 명 소포
<small>こ づつみ</small>

② 棚 명 선반
<small>たな</small>

③ シャツ 명 셔츠

④ バーコードリーダー 명 바코드 리더

⑤ 蝶ネクタイ 명 나비 넥타이
<small>ちょう</small>

⑥ 郵便局員 명 우체국 직원
<small>ゆうびんきょくいん</small>

⑦ 仕分け 명 분류
<small>し わ</small>

⑧ 郵便物 명 우편물
<small>ゆうびんぶつ</small>

⑨ ボールペン 명 볼펜

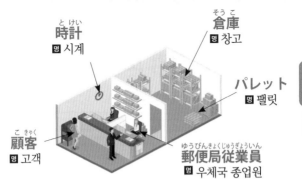

とけい
時計
명 시계

そうこ
倉庫
명 창고

パレット
명 팔릿

こきゃく
顧客
명 고객

ゆうびんきょくじゅうぎょういん
郵便局従業員
명 우체국 종업원

こうくうびん
航空便
명 항공편

コンテナ
명 컨테이너

ふなびん
船便
명 선박편

더 알아보기

- そうふ
  送付 명 송부
- いしつ
  遺失 명 유실
- はいたつ
  配達 명 배달
- だいきんひきかえ
  代金引換 명 대금 상환
- たくはい
  宅配 명 택배
- じゅうりょうちょうか
  重量超過 명 중량 초과

♪ 469

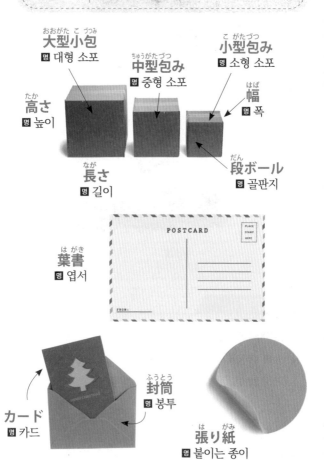

大型小包
<small>おおがた こ づつみ</small>
명 대형 소포

中型包み
<small>ちゅうがたづつ</small>
명 중형 소포

小型包み
<small>こ がたづつ</small>
명 소형 소포

高さ
<small>たか</small>
명 높이

幅
<small>はば</small>
명 폭

長さ
<small>なが</small>
명 길이

段ボール
<small>だん</small>
명 골판지

POSTCARD

葉書
<small>は がき</small>
명 엽서

カード
명 카드

封筒
<small>ふうとう</small>
명 봉투

張り紙
<small>は がみ</small>
명 붙이는 종이

♪ 470

む りょうはいたつ
無料配達
명 무료 배달

ゆうびん う
郵便受け
명 편지통

きって
切手
명 우표

そくたつゆうびん
速達郵便
명 빠른 택배

でん し ゆうびん
電子郵便
명 전자우편

こくさいゆうびん
国際郵便
명 국제우편

ふうろう
封蝋
명 봉랍

♪471

1. **手紙** 명 편지

2. **サンタさん** 명 산타클로스

3. **スノーフレーク** 명 눈꽃

4. **消印** 명 소인

5. **切手** 명 우표

6. **郵便物** 명 우편물

7. **時日** 명 시일

8. **クラフト紙** 명 크라프트지

9. **北極** 명 북극

10. **枠** 명 테두리

더 알아보기

우체국

- こくないゆうびん
  国内郵便 명 국내 우편
- ふつうゆうびん
  普通郵便 명 보통 우편
- そくたつかきとめ
  速達書留 명 속달 등기
- かきとめゆうびん
  書留郵便 명 등기 우편
- そくたつゆうびん
  速達郵便 명 속달 우편
- こうくうゆうびん
  航空郵便 명 항공 우편
- いんさつぶつ
  印刷物 명 인쇄물
- ゆうびんりょうきん
  郵便料金 명 우편 요금
- おも
  重さ 명 무게

- **ペンフレンド** 명 펜팔
- じゅうしょ
  住所 명 주소
- びんせん
  便箋 명 편지지
- つうしんはんばい
  通信販売 명 통신 판매
- さしだしにんじゅうしょ
  差出人住所 명 발신인 주소
- あてさき
  宛先 명 수신인
- ゆうびんばんごう
  郵便番号 명 우편번호
- さしだしにん
  差出人 명 발신인
- うけとりにん
  受取人 명 수신인

- **エアメール** 명 항공 우편

Part 3
필요시 유용한
상용 단어

こうむしょ
公務所

공무기관

ようぎしゃ
容疑者
명 용의자

だんがん
弾丸
명 탄환

ぼうだん
防弾チョッキ
명 방탄조끼

しゅりゅうだん
手榴弾
명 수류탄

サイレン
명 사이렌

パトカー
명 경찰 순찰차

こうつうけいさつ
交通警察
명 교통경찰

규제선
き せいせん
規制線
명 폴리스 라인

たい ほ
逮捕
명 체포

て じょう
手錠
명 수갑

けいさつけん
警察犬
명 경찰견

けっこん
血痕
명 혈흔

さいるい
催涙ガス
명 최루가스

し もん
指紋
명 지문

ご そうしゃ
護送車
명 호송차

♪ 477

制帽 せいぼう
명 경찰모

無線機 むせんき
명 무전기

ポケット
명 주머니

ピストル
명 권총

ベルト
명 벨트

警察官の制服 けいさつかん せいふく
명 경찰관 제복

警棒 けいぼう
명 경찰봉

❶ **警察** けいさつ 명 경찰
❷ **真面目** まじめ 명 성실함
❸ **襟** えり 명 옷깃
❹ **ネクタイ** 명 넥타이
❺ **警察バッジ** けいさつ 명 경찰 배지
❻ **革靴** かわぐつ 명 가죽 구두

♪ 478

- 治安 ^{ちあん} 명 치안
- 警視庁 ^{けいしちょう} 명 경시청
- 刑事 ^{けいじ} 명 형사
- 警官 ^{けいかん} 명 경관
- 罰金 ^{ばっきん} 명 벌금
- 武装 ^{ぶそう} 명 무장
- 捜査 ^{そうさ} 명 수사
- 犯罪現場 ^{はんざいげんば} 명 범죄 현장
- 取調室 ^{とりしらべしつ} 명 취조실
- 尋問 ^{じんもん} 명 심문
- 分析 ^{ぶんせき} 명 분석
- 殺人犯 ^{さつじんはん} 명 살인범
- 遺体 ^{いたい} 명 시체
- 検視官 ^{けんしかん} 명 검시관
- 目撃者 ^{もくげきしゃ} 명 목격자
- 証拠物件 ^{しょうこぶっけん} 명 증거 물품
- 怪しい ^{あや} 형 수상하다
- 忙しい ^{いそが} 형 바쁘다
- 調べる ^{しら} 동 조사하다

공무기관

♪ 479

しょう か き
消火器
명 소화기

ひ なん
避難はしご
명 피난 사다리

ぼう か
防火カーペット
명 방화 담요

しょうぼう し
消防士の
ヘルメット
명 소방수 헬멧

しょうぼう し
消防士
명 소방수

ぼう か
防火マスク
명 방화 마스크

しょうぼう し   て ぶくろ
消防士の手袋
명 소방수 장갑

消火栓
しょう か せん
명 소화전

火事
か じ
명 화재

공무기관

消防防災ヘリコプター
しょうぼうぼうさい
명 소방 헬리콥터

ドリル
명 드릴

ホース
명 호스

煙感知器
けむりかん ち き
명 연기 감지기

非常ボタン
ひ じょう
명 비상 버튼

♪ 481

❶ はしご 圀 사다리

❷ 消防設備 <ruby>消防設備<rt>しょうぼうせつび</rt></ruby> 圀 소방 설비

❸ サイレン 圀 사이렌

❹ はしご車 <ruby>車<rt>しゃ</rt></ruby> 圀 사다리차

❺ 排水管 <ruby>排水管<rt>はいすいかん</rt></ruby> 圀 배수관

❻ 操作盤 <ruby>操作盤<rt>そうさばん</rt></ruby> 圀 조작반

❼ タイヤ 圀 타이어

❽ フロント 圀 전면

❾ 消防車 <ruby>消防車<rt>しょうぼうしゃ</rt></ruby> 圀 소방차

♪ 482

防火壁
<ruby>防<rt>ぼう</rt></ruby><ruby>火<rt>か</rt></ruby><ruby>壁<rt>へき</rt></ruby>
명 방화벽

化学防護服
<ruby>化<rt>か</rt></ruby><ruby>学<rt>がく</rt></ruby><ruby>防<rt>ぼう</rt></ruby><ruby>護<rt>ご</rt></ruby><ruby>服<rt>ふく</rt></ruby>
명 화학방호복

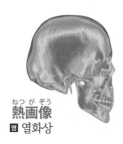

熱画像
<ruby>熱<rt>ねつ</rt></ruby><ruby>画<rt>が</rt></ruby><ruby>像<rt>ぞう</rt></ruby>
명 열화상

공무기관

더 알아보기

- しょうぼうしょちょう
  消防署長 명 소방서장
- しょうぼうたいちょう
  消防隊長 명 소방단원
- ねつかんちき
  熱感知器 명 열감지기
- ぼうかつうろ
  防火通路 명 방화 통로
- えんとつこうか
  煙突効果 명 굴뚝효과

- **セーフティーエアークッション** 명 세이프티 에어 쿠션
- つうしんせつび
  通信設備 명 통신설비
- かんこうき
  緩降機 명 완강기

ばいしんだん
陪審団
명 배심단

けんさつかん
検察官
명 검찰관

しょうにん
証人
명 증인

ほうてい
法廷
명 법정

べんごし
弁護士
명 변호사

けいびいん
警備員
명 경비원

せいしょ
聖書
명 성서

ひがいしゃ
被害者
명 피해자

かがいしゃ
加害者
명 가해자

♪ 484

❶ 彫像 〔ちょうぞう〕 명 조각상

❷ 書記官 〔しょきかん〕 명 서기관

❸ 国旗 〔こっき〕 명 국기

❹ 裁判官席 〔さいばんかんせき〕 명 재판관석

❺ 被告 〔ひこく〕 명 피고

❻ 出口 〔でぐち〕 명 출구

❼ 原告 〔げんこく〕 명 원고

❽ 傍聴席 〔ぼうちょうせき〕 명 방청석

♪ 485

① **宣告** せんこく 명 선고
② **裁判官** さいばんかん 명 재판관
③ **厳粛** げんしゅく 명 엄숙
④ **法服** ほうふく 명 법복
⑤ **法典** ほうてん 명 법전
⑥ **正義** せいぎ 명 정의
⑦ **天秤** てんびん 명 천칭
⑧ **公平** こうへい 명 공평

더 알아보기

- 法律 <ruby>ほうりつ</ruby> 명 법률
- 告発 <ruby>こくはつ</ruby> 명 고발
- 前科 <ruby>ぜんか</ruby> 명 전과
- 保釈 <ruby>ほしゃく</ruby> 명 보석
- 執行猶予 <ruby>しっこうゆうよ</ruby> 명 집행유예
- 刑罰を下す <ruby>けいばつくだ</ruby> 관 형벌을 내리다
- 公聴会 <ruby>こうちょうかい</ruby> 명 공청회
- 有期懲役 <ruby>ゆうきちょうえき</ruby> 명 유기징역
- 無期懲役 <ruby>むきちょうえき</ruby> 명 무기징역
- 死刑 <ruby>しけい</ruby> 명 사형
- 証言 <ruby>しょうげん</ruby> 명 증언
- アリバイ 명 알리바이
- 裁定 <ruby>さいてい</ruby> 명 재정
- 起訴 <ruby>きそ</ruby> 명 기소
- 弁護 <ruby>べんご</ruby> 명 변호
- 訴訟 <ruby>そしょう</ruby> 명 소송
- 起訴状 <ruby>きそじょう</ruby> 명 기소장
- 判決文 <ruby>はんけつぶん</ruby> 명 판결문
- 地方裁判所 <ruby>ちほうさいばんしょ</ruby> 명 지방법원
- 召喚 <ruby>しょうかん</ruby> 명 소환

공무기관

♪ 487

強盗犯
ごうとうはん
명 강도범

泥棒
どろぼう
명 도둑

犯人
はんにん
명 범인

囚人服
しゅうじんふく
명 죄수복

手錠
てじょう
명 수갑

すり
명 소매치기

足枷
あしかせ
명 족쇄

時限爆弾
じげんばくだん
명 시한폭탄

ほ へいじゅう
歩兵銃
명 보병총

ふくめん
覆面
명 복면

テロリスト
명 테러리스트

ぶ き
武器
명 무기

**カモフラージュ
パンツ**
명 카무플라주 팬츠

てっさく
鉄柵
명 철책

てつじょうもう
鉄条網
명 철조망

だつごく
脱獄
명 탈옥

さ ぎ はん
詐欺犯
명 사기범

ま やく
麻薬
명 마약

♪ 489

① **監獄** 명 감옥

② **スピーカー** 명 스피커

③ **棚** 명 선반

④ **牢獄** 명 감옥

⑤ **壁** 명 벽

⑥ **洗面台** 명 세면대

⑦ **便器** 명 변기

⑧ **ベッド** 명 침대

더 알아보기

- **テロ攻撃** <ruby>攻撃<rt>こうげき</rt></ruby> 명 테러 공격
- **自由** <ruby>自由<rt>じゆう</rt></ruby> 명 자유
- **拘留** <ruby>拘留<rt>こうりゅう</rt></ruby> 명 구류
- **拘禁** <ruby>拘禁<rt>こうきん</rt></ruby> 명 구금
- **ひき逃げ** <ruby>逃<rt>に</rt></ruby> 명 뺑소니
- **誘拐犯** <ruby>誘拐犯<rt>ゆうかいはん</rt></ruby> 명 유괴범
- **威嚇** <ruby>威嚇<rt>いかく</rt></ruby> 명 위협
- **脅迫** <ruby>脅迫<rt>きょうはく</rt></ruby> 명 협박
- **謀殺** <ruby>謀殺<rt>ぼうさつ</rt></ruby> 명 모살
- **重罪** <ruby>重罪<rt>じゅうざい</rt></ruby> 명 중죄
- **罪** <ruby>罪<rt>つみ</rt></ruby> 명 죄
- **攻撃** <ruby>攻撃<rt>こうげき</rt></ruby> 명 공격

- **いじめ** 명 괴롭힘
- **放火** <ruby>放火<rt>ほうか</rt></ruby> 명 방화
- **仮釈放** <ruby>仮釈放<rt>かりしゃくほう</rt></ruby> 명 가석방
- **重刑犯** <ruby>重刑犯<rt>じゅうけいはん</rt></ruby> 명 중형범
- **鉄格子** <ruby>鉄格子<rt>てつごうし</rt></ruby> 명 쇠창살
- **受刑者** <ruby>受刑者<rt>じゅけいしゃ</rt></ruby> 명 수형자
- **喧嘩** <ruby>喧嘩<rt>けんか</rt></ruby> 명 싸움

공무기관

Part 3
필요시 유용한 상용 단어

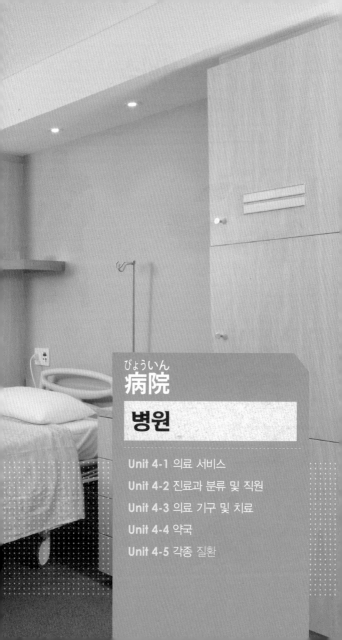

びょういん
病院

병원

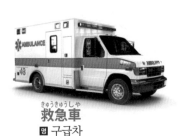

きゅうきゅうしゃ
救急車
명 구급차

きゅう ご
**救護
スタッフ**
명 구급대원

しゅじゅつしつ
手術室
명 수술실

い しゃ
医者にかかる
관 진찰을 받다

びょうしつ
病室
명 병실

びょうにん
病人
명 환자

♪ 494

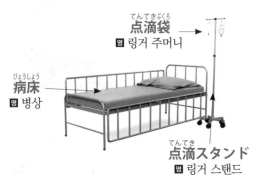

점^{てんてきぶくろ}
点滴袋 →
명 링거 주머니

^{びょうしょう}
病床
명 병상

^{てんてき}
点滴スタンド
명 링거 스탠드

^{きゅうきゅうがいらいいりぐち}
救急外来入口
명 응급 외래 입구

EMERGENCY

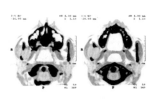

^{だんそうさつえい}
コンピュータ断層撮影
명 컴퓨터 단층 촬영

^{にゅういん}
入院する
동 입원하다

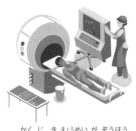

^{かく じ き きょうめい が ぞうほう}
核磁気共鳴画像法
명 자기공명영상

♪ 495

リハビリ
명 재활 치료

分娩室
ぶんべんしつ
명 분만실

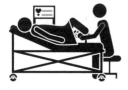

診断
しんだん
명 진단

脈搏
みゃくはく
명 맥박

待合室
まちあいしつ
명 대합실

Waiting room

健康保険
けんこう ほ けん
명 건강보험

心拍
しんぱく
명 심박

healthy

Ischemia

infarction

HEALTH INSURANCE

00 0918991 5272 01 80

処方
しょほう
명 처방전

レントゲン
명 엑스레이

병원

더 알아보기

- **ナースステーション** 명 간호사 대기실
- **集中治療室** 명 집중치료실
  しゅうちゅうちりょうしつ
- **救急救命室** 명 응급실
  きゅうきゅうきゅうめいしつ
- **受付をする** 관 접수하다
  うけつけ
- **病歴** 명 질병 기록
  びょうれき
- **療法** 명 요법
  りょうほう
- **受付** 명 접수처
  うけつけ
- **入院する** 동 입원하다
  にゅういん
- **退院する** 동 퇴원하다
  たいいん
- **外傷センター** 명 외상센터
  がいしょう
- **霊安室** 명 영안실
  れいあんしつ
- **視力** 명 시력
  しりょく

かん ご し
看護師
명 간호사

し か い し
歯科医師
명 치과 의사

げ か い し
外科医師
명 외과 의사

ホームドクター
명 가정의과 의사

かん ご し ちょう
看護師長
명 간호사장

じ び いんこう か い し
耳鼻咽喉科医師
명 이비인후과 의사

しょう に か い し
小児科医師
명 소아과 의사

産婦人科医師
명 산부인과 의사

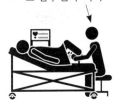

眼科医師
명 안과 의사

薬剤師
명 약제사

精神科医
명 정신과 의사

栄養士
명 영양사

麻酔科医師
명 마취과 의사

歯科
명 치과

理学療法士
명 물리치료사

♪ 499

形成外科
けいせいげか
명 성형외과

脳神経外科
のうしんけいげか
명 뇌신경외과

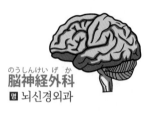

神経内科
しんけいないか
명 신경내과

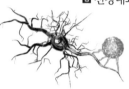

リハビリテーション科
か
명 재활과

泌尿器科
ひにょうきか
명 비뇨기과

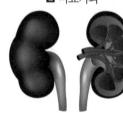

整形外科
せいけいげか
명 정형외과

心臓内科
しんぞうないか
명 심장내과

心臓外科
しんぞうげか
명 심장외과

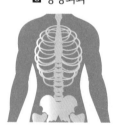

♪ 500

- **内科医師** 명 내과 의사
- **言語聴覚士** 명 언어청각사
- **内科** 명 내과
- **外科** 명 외과
- **小児科** 명 소아과
- **産科** 명 산과
- **婦人科** 명 부인과
- **眼科** 명 안과

- **ファミリーメディスン** 명 가정의학과
- **内分泌代謝科** 명 내분비내과
- **精神科** 명 정신과
- **呼吸器科** 명 호흡기내과
- **皮膚科** 명 피부과
- **感染症内科** 명 감염내과
- **胃腸科** 명 위장과
- **循環器内科** 명 순환기내과
- **消化器内科** 명 소화기내과
- **口腔外科** 명 구강외과

병원

車椅子
くるまいす
명 휠체어
의자

聴診器
ちょうしんき
명 청진기

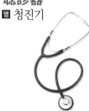

絆創膏
ばんそうこう
명 반창고

体温計
たいおんけい
명 체온계

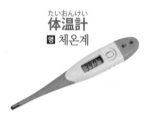

ストレッチャー
명 이송용 침대

担架
たんか
명 들것

注射器
<ruby>注射器<rt>ちゅうしゃき</rt></ruby>
명 주사기

血圧計
<ruby>血圧計<rt>けつあつけい</rt></ruby>
명 혈압계

包帯
<ruby>包帯<rt>ほうたい</rt></ruby>
명 붕대

マスク
명 마스크

オキシドール
명 과산화수소수

ピンセット
명 핀셋

三角巾
<ruby>三角巾<rt>さんかくきん</rt></ruby>
명 팔걸이

耳式体温計
<ruby>耳式体温計<rt>みみしきたいおんけい</rt></ruby>
명 귀체온계

♪ 503

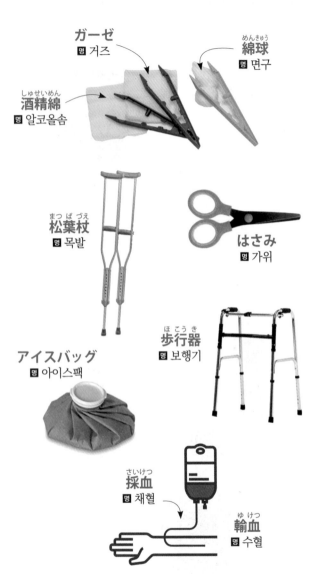

ガーゼ 명 거즈

綿球 _{めんきゅう} 명 면구

酒精綿 _{しゅせいめん} 명 알코올솜

松葉杖 _{まつばづえ} 명 목발

はさみ 명 가위

アイスバッグ 명 아이스팩

歩行器 _{ほこうき} 명 보행기

採血 _{さいけつ} 명 채혈

輸血 _{ゆけつ} 명 수혈

♪ 504

メス
명 메스

けっとう ち そくてい き
血糖値測定器
명 혈당측정기

さん そ
酸素マスク
명 산소마스크

ぜつあつ し
舌圧子
명 설압자

더 알아보기

れいしっ ぷ
- **冷湿布** 명 냉찜질

おんしっ ぷ
- **温湿布** 명 온찜질

じんこう こ きゅう
- **人工呼吸** 명 인공호흡

てんてき
- **点滴をする** 관 링거를 맞다

しゅじゅつ
- **手術** 명 수술

ばっ し
- **抜歯** 명 발치

つつ
- **包む** 동 싸다

か がくりょうほう
- **化学療法** 명 화학치료

せっこう
- **石膏** 명 석고

カプセル
명 캡슐

タブレット
명 정제약

がんやく
丸薬
명 알약

くすり
うがい薬
명 가글

せいしんあんていざい
精神安定剤
명 신경안정제

ちんつうざい
鎮痛剤
명 진통제

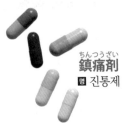

なんこう
軟膏
명 연고

すいみんやく
睡眠薬
명 수면제

Sleeping
PILLS

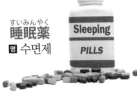

アスピリン
명 아스피린

ヨウ素^そ
명 요오드 용액

綿棒^{めんぼう}
명 면봉

エタノール
명 에탄올

のど飴^{あめ}
명 목사탕

カルテ
명 진료 기록 카드

殺菌剤^{さっきんざい}
명 살균제

スキンケア商品^{しょうひん}
명 스킨 케어 상품

粉薬
<ruby>粉薬<rt>こなぐすり</rt></ruby>
명 가루약

湿布薬
<ruby>湿布薬<rt>しっぷぐすり</rt></ruby>
명 습포제

生理食塩水
<ruby>生理食塩水<rt>せいりしょくえんすい</rt></ruby>
명 생리식염수

体重計
<ruby>体重計<rt>たいじゅうけい</rt></ruby>
명 체중계

化粧品
<ruby>化粧品<rt>けしょうひん</rt></ruby>
명 화장품

目薬
<ruby>目薬<rt>めぐすり</rt></ruby>
명 안약

避妊薬
<ruby>避妊薬<rt>ひにんやく</rt></ruby>
명 피임약

♪ 508

咳止めシロップ
せき ど
図 기침시럽약

吸入器
きゅうにゅう き
図 흡입기

병원

더 알아보기

- **抗生物質** **こうせいぶっしつ** 명 항생물질
- **処方薬** **しょほうやく** 명 처방약
- **サプリメント** 명 건강보조식품
- **風邪薬** **か ぜ ぐすり** 명 감기약
- **筋弛緩剤** **きん し かんざい** 명 근육이완제
- **抗うつ薬** **こう くすり** 명 항우울제
- **解熱薬** **げ ねつやく** 명 해열제
- **熱さまシート** **ねつ** 명 해열시트, 열냉각시트
- **氷枕** **こおりまくら** 명 얼음 베개
- **外用** **がいよう** 명 외용
- **内服** **ないふく** 명 내복
- **薬瓶** **くすりびん** 명 약병
- **人工皮膚** **じんこう ひ ふ** 명 인공피부

はなみず で
鼻水が出る
관 콧물이 나다

い つう
胃痛
명 위통

せき で
咳が出る
관 기침이 나다

い つう
頭痛
명 두통

ねつ
熱がある
관 열이 나다

こっせつ
骨折
명 골절

♪ 510

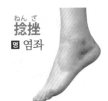

捻挫
_{ねん ざ}
명 염좌

心臓病
_{しんぞうびょう}
명 심장병

近視
_{きん し}
명 근시

花粉症
_{か ふんしょう}
명 꽃가루 알레르기

遠視
_{えん し}
명 원시

痔
_じ
명 치질

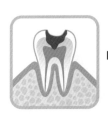

虫歯
_{むし ば}
명 충치

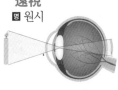

痛風
_{つうふう}
명 통풍

♪ 511

関節炎
かんせつえん
명 관절염

不眠
ふ みん
명 불면

糖尿病
とうにょうびょう
명 당뇨병

喉の痛み
のど いた
관 목구멍 통증

くしゃみが出る
で
관 재채기가
나오다

鼻血が出る
はなぢ で
관 코피가 나다

下痢
げ り
명 설사

盲腸炎
もうちょうえん
명 맹장염

喘息
ぜんそく
명 천식

- 風邪 ^{か ぜ} 명 감기

- インフルエンザ 명 인플루엔자

- 乱視 ^{らん し} 명 난시

- 色盲 ^{しきもう} 명 색맹

- 色弱 ^{しきじゃく} 명 색약

- 角膜炎 ^{かくまくえん} 명 각막염

- 貧血 ^{ひんけつ} 명 빈혈

- 水虫 ^{みずむし} 명 무좀

- 水痘 ^{すいとう} 명 수두

- 白血病 ^{はっけつびょう} 명 백혈병

- 癌 ^{がん} 명 암

- 高血圧 ^{こうけつあつ} 명 고혈압

- アレルギー 명 알레르기

- 吐き気がする ^{は け} 관 토할 것 같다

- 食中毒 ^{しょくちゅうどく} 명 식중독

- 脳卒中 ^{のうそっちゅう} 명 뇌졸중

- 腫瘍 ^{しゅよう} 명 종양

- やけど 명 화상

- 拒食症 ^{きょしょくしょう} 명 거식증

병원

Part 3
필요시 유용한
상용 단어

こんれい
婚礼

혼례

Unit 5-1 결혼식

Unit 5-2 웨딩드레스

プロポーズ
명 프러포즈

まごころ
真心
명 진심

こんやくしゃ
婚約者
명 약혼자

かたひざ
片膝をつく
관 무릎을 꿇다

エンゲージリング
명 약혼 반지

けっこんしきしょうたいじょう
結婚式招待状
명 청첩장

けっこんじゃしん
結婚写真
명 결혼 사진

❶ 灯籠 とうろう 명 등롱

❷ 神社 じんじゃ 명 신사

❸ 新婚夫婦 しんこんふうふ 명 신혼 부부

❹ 賓客 ひんきゃく 명 귀한 손님

❺ 階段 かいだん 명 계단

❻ 石畳 いしだたみ 명 납작돌을 깐 곳

혼
례

♪ 517

❶ 花嫁の介添え _{はなよめ} _{かい ぞ} 명 신부 들러리

❷ 花嫁 _{はなよめ} 명 신부

❸ 花婿 _{はなむこ} 명 신랑

❹ 花婿の介添え _{はなむこ} _{かい ぞ} 명 신랑 들러리

❺ ブーケ 명 부케

❻ ウェディングカーペット 명 웨딩 카펫

❼ コサージュ 명 코르사주

❽ フラワーガール 명 화동

♪ 518

ウェディングケーキ

명 웨딩 케이크

ウェディングシューズ

명 웨딩 슈즈

혼
례

더 알아보기

- **彼氏** **명** 남자친구
- **彼女** **명** 여자친구
- **主催者** **명** 주최자
- **婚礼立会人** **명** 혼례 입회인
- **引き菓子** **명** 경사 때 선물로 주는 과자
- **乾杯する** **동** 건배하다
- **仲人** **명** 중매인
- **披露宴** **명** 피로연
- **嫁入り道具** **명** 혼수용 가재도구
- **駆け落ち** **명** 사랑의 도피

♪ 519

Aラインドレス
명 A라인 드레스

ボールガウン
명 볼가운

**マーメイド
ドレス**
명 머메이드 드레스

**シース
ドレス**
명 시스 드레스

ノートレーンドレス
명 노트레인 드레스

**ブラシ
トレーン**
명 숄 드레스

**スクエア
ネック**
명 스퀘어 넥

**V ネックド
レス**
명 V넥 드레스

**ストレート
ラインドレス**
명 탑 드레스

**ハイネック
ウェディング
ドレス**
명 하이넥 웨딩
드레스

**スパゲティスト
ラップ**
명 스파게티 스트랩

**ホルター
ネック**
명 홀터넥

**スクープ
ネック**
명 스쿠프 넥

**ボート
ネック**
명 보트넥

ワンショルダー
명 원 숄더

**ウェディング
ドレス**
명 웨딩 드레스

♩ 521

**ロング
スリーブ**
명 긴 소매

**エンパイア
ライン**
명 엠파이어 라인

ヴェール
명 베일

**オフ
ショルダー**
명 오프 숄더

**チャペルロング
トレーン**
명 채플 롱 트레인

**シアー
ネック**
명 쉬어 넥

**キャップ
スリーブ**
명 캡 슬리브

**ストラップレス
ドレス**
명 스트랩리스
드레스

**スウィート
ハートドレス**
명 스위트 하트
드레스

- **カテドラルトレーン** 몡 캐시드럴 트레인
- **ロイヤルトレーン** 몡 로열 드레스 트레인
- **スタイル** 몡 스타일
- **ブライダルアシスタント** 몡 웨딩 플래너
- **ブライダルカメラマン** 몡 웨딩 촬영기사
- **宝石** 몡 보석
- **輪郭** 몡 윤곽
- **慎重** 몡 신중
- **決める** 통 결정하다
- **決定** 몡 결정
- **エレガンス** 몡 품위, 기품
- **ユニーク** 몡 독특
- **ゴージャス** 몡 우아함
- **魅力** 몡 매력
- **ファッション** 몡 유행
- **セクシー** 몡 섹시
- **綺麗** 몡 예쁘다
- **豪華** 몡 호화
- **褒める** 통 칭찬하다
- **記念** 몡 기념

혼례

Part 3
필요시 유용한 상용 단어

<ruby>葬儀<rt>そうぎ</rt></ruby>

장례

Unit 6-1 장례

教会
きょうかい
명 교회

ひつぎ
명 관

白ロウソク
しろ
명 흰 양초

折鶴
おりづる
명 종이학

十字架
じゅうじか
명 십자가

骨壺
こつつぼ
명 납골 항아리

遺灰
いはい
명 시체를 화장하고 남은 재

葬儀ディレクター
そうぎ
명 장의사

❶ 哀悼 <ruby>あいとう<rt></rt></ruby> 명 애도

❷ 家族 <ruby>か ぞく<rt></rt></ruby> 명 가족

❸ 牧師 <ruby>ぼく し<rt></rt></ruby> 명 목사

❹ 儀式 <ruby>ぎ しき<rt></rt></ruby> 명 의식

❺ 泥 <ruby>どろ<rt></rt></ruby> 명 흙

❻ スコップ 명 삽

❼ 死者 <ruby>し しゃ<rt></rt></ruby> 명 죽은 자, 고인

❽ 縄 <ruby>なわ<rt></rt></ruby> 명 새끼줄

❾ やもめ 명 홀아비

❶ 未亡人 〔みぼうじん〕 **명** 미망인

❷ 悼む 〔いた〕 **동** 애도하다

❸ 霊園 〔れいえん〕 **명** 공원 묘지

❹ 墓碑 〔ぼひ〕 **명** 묘비명

❺ 死亡 〔しぼう〕 **명** 사망

❻ 遺族 〔いぞく〕 **명** 유족

❼ ベンチ **명** 벤치

❽ 墓 〔はか〕 **명** 무덤

❾ 埋葬 〔まいそう〕 **명** 매장

喪服 명 상복

しにがみ
死神 명 사신

どく ろ
髑髏 명 해골

かま
鎌 명 낫

マント 명 망토

じゅ ず
数珠 명 염주

더 알아보기

- そう ぎ しきじょう
  葬儀式場 명 장례식장
- い えい
  遺影 명 유영
- こくべつしきじょう
  告別式場 명 영결식장
- のうこつどう
  納骨堂 명 납골당
- つ や
  通夜 명 죽은 사람의 유해를 지키며 밤샘
- か そう
  火葬 명 화장
- ど そう
  土葬 명 토장(매장)
- じゅもくそう
  樹木葬 명 수목장
- かいようそう
  海洋葬 명 해양장
- ゆいごん
  遺言 명 유언
- れいあんしつ
  霊安室 명 영안실
- しんこう
  信仰 명 신앙

Part 3
필요시 유용한
상용 단어

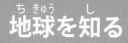

地球を知る
ち きゅう　　し

지구를 알다

ツキノワグマ
명 반달가슴곰

ぞう
象
명 코끼리

に ほんじか
日本鹿
명 일본 사슴

イノシシ
명 멧돼지

すいぎゅう
水牛
명 물소

カモシカ
명 영양

馬
^{うま}
명 말

ウサギ
명 토끼

乳牛
^{にゅうぎゅう}
명 젖소

ヤギ
명 산양

サイ
명 코뿔소

ラクダ
명 낙타

キリン
명 기린

ハイエナ
명 하이에나

ミーアキャット
명 미어캣

♪ 533

ヒヒ
명 개코원숭이

カバ
명 하마

ダチョウ
명 타조

ゴリラ
명 고릴라

シマウマ
명 얼룩말

リクガメ
명 땅거북

クロヒョウ
명 흑표범

ヒョウ
명 표범

♪ 534

ホッキョクグマ
명 북극곰

トラ
명 호랑이

クジャク
명 공작

ライオン
명 사자

ハリネズミ
명 고슴도치

火鶴フラミンゴ
명 홍학

オオカミ
명 늑대

アライグマ
명 미국 너구리(라쿤)

カニ
명 게

タツノオトシゴ
명 해마

ウミガメ
명 바다거북

きんぎょ
金魚
명 금붕어

クジラ
명 고래

ヒトデ
명 불가사리

イルカ
명 돌고래

マッコウクジラ
명 향고래

フグ
명 복어

海鼠
なま こ
명 해삼

シャチ
명 범고래

クラゲ
명 해파리

クマノミ
명 흰동가리

サメ
명 상어

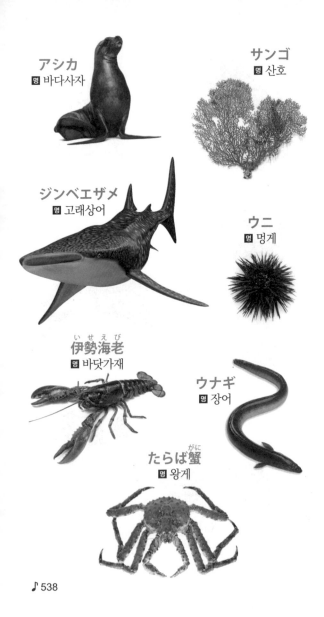

アシカ
명 바다사자

サンゴ
명 산호

ジンベエザメ
명 고래상어

ウニ
명 멍게

伊勢海老
명 바닷가재

ウナギ
명 장어

たらば蟹
명 왕게

マンボウ
图 개복치

えい
图 가오리

貝殻
かいがら
图 조가비

オタマジャクシ
图 올챙이

タコ
图 문어

エビ
图 새우

イカ
图 오징어

蝶
ちょう
명 나비

冷血動物
れいけつどうぶつ
명 냉혈동물

ヘビ
명 뱀

アリ
명 개미

トカゲ
명 도마뱀

ワニ
명 악어

カメ
명 거북이

跳鯊
とびはぜ
명 말뚝망둥어

♪ 540

バッタ
명 베짱이

ガマガエル
명 두꺼비

カマキリ
명 사마귀

ヤモリ
명 도마뱀붙이

蚊
명 모기

イモリ
명 도롱뇽

カメレオン
명 카멜레온

アオガエル
명 청개구리

クワガタムシ
명 사슴벌레

カブトムシ
명 장수풍뎅이

シロアリ
명 흰개미

スズメバチ
명 땅벌

セミ
명 매미

ハエ
명 파리

コガネムシ
명 풍뎅이

ナナフシ
명 대벌레

♪ 542

カゲロウ

명 하루살이

イトトンボ

명 실잠자리

イナゴ
명 메뚜기

キリギリス
명 여치

ホタル
명 반딧불이

テントウムシ
명 무당벌레

トンボ
명 잠자리

象虫
ぞうむし
명 바구미

♪ 543

オウム
명 앵무새

ひな
雛
명 병아리

アホウドリ
명 신천옹

ペリカン
명 펠리칸

フクロウ
명 올빼미

はね
羽
명 날개

コノハズク
명 소쩍새

♪ 544

オシドリ
명 원앙

ゴイサギ
명 해오라기

マガモ
명 청둥오리

スズメ
명 참새

メジロ
명 동박새

ニワトリ
명 닭

シラサギ
명 백로

지구를 알다

♪ 545

ワシ
명 독수리

カモメ
명 갈매기

ミサゴ
명 물수리

カラス
명 까마귀

ハト
명 비둘기

ツバメ
명 제비

♪ 546

ブンチョウ
명 문조

オオハシ
명 큰부리새(거취조)

カナリア
명 카나리아

ゴクラクチョウ
명 극락조

サヨナキドリ
명 나이팅게일

クスノキ
명 녹나무

カエデ
명 단풍나무

サクラ
명 벚꽃

ツツジ
명 진달래

マツ
명 소나무

クルミの木
き
명 호두나무

シダ類
るい
명 양치류

♪ 548

バラ
图 장미

キク
图 국화

ボタン
图 모란

エンドウ
图 완두

ユリ
图 백합

アサガオ
图 나팔꽃

ハスの<ruby>花<rt>はな</rt></ruby>
图 연꽃

キキョウ
图 도라지

♪ 549

ラン
명 난꽃

アロエ
명 알로에

サボテン
명 선인장

スイセン
명 수선화

みずくさ
水草
명 물풀

オジギソウ
명 미모사

カーネーション
명 카네이션

ジャスミン
명 재스민

イチョウ
명 은행

タンポポ
명 민들레

シュロ
명 종려나무

セージ
명 샐비어

ポインセチア
명 포인세티아

モクセイ
명 물푸레나무

コスモス
명 코스모스

カラー
명 칼라

ポピー
명 양귀비

晴れ
명 맑음

俄か雨
명 소나기

雲が多い
관 구름이 많다

大雨
명 큰 비

曇り
명 흐림

集中豪雨
명 집중호우

風がある
관 바람이 불다

夕立
명 (여름 오후에 내리는) 소나기

♪ 552

<ruby>降雪<rt>こうせつ</rt></ruby>
명 눈

<ruby>霰<rt>ひょう</rt></ruby>
명 우박

<ruby>小雪<rt>こゆき</rt></ruby>
명 적게
오는 눈

<ruby>稲妻<rt>いなずま</rt></ruby>
명 번개

<ruby>大雪<rt>おおゆき</rt></ruby>
명 대설

<ruby>雷<rt>かみなり</rt></ruby>
명 천둥

みぞれ

명 진눈깨비

<ruby>雲<rt>くも</rt></ruby>
명 구름

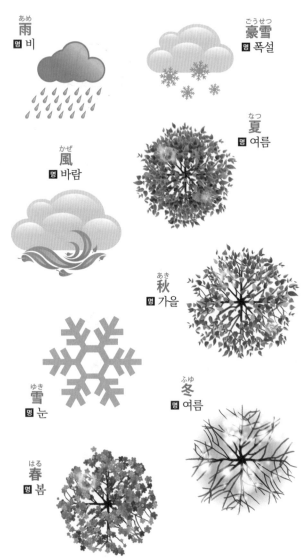

雨
<ruby>雨<rt>あめ</rt></ruby>
명 비

<ruby>豪雪<rt>ごうせつ</rt></ruby>
명 폭설

<ruby>夏<rt>なつ</rt></ruby>
명 여름

<ruby>風<rt>かぜ</rt></ruby>
명 바람

<ruby>秋<rt>あき</rt></ruby>
명 가을

<ruby>雪<rt>ゆき</rt></ruby>
명 눈

<ruby>冬<rt>ふゆ</rt></ruby>
명 여름

<ruby>春<rt>はる</rt></ruby>
명 봄

にじ
虹
명 무지개

あたた
暖かい
형 따뜻하다

すず
涼しい
형 차갑다

더 알아보기

- きり **霧** 명 안개
- しも **霜** 명 서리
- こ さめ **小雨** 명 가랑비
- こう き あつ **高気圧** 명 고기압
- てい き あつ **低気圧** 명 저기압
- ぜんせん **前線** 명 전선
- かん き だん **寒気団** 명 한랭기단
- き しょう よ ほう **気象予報** 명 기상예보
- さむ **寒い** 형 춥다
- あつ **暑い** 형 덥다
- ねっ き **熱気** 명 열기
- おん ど **温度** 명 온도
- しつ ど **湿度** 명 습도

지구를 알다

♪ 555

こうげん
高原
명 고원

さんち
山地
명 산지

きゅうりょう
丘陵
명 구릉, 언덕

しっち
湿地
명 습지

いけ
池
명 못

みずうみ
湖
명 호수

がけ
몡 벼랑, 절벽

^{たき}
滝
몡 폭포

^{しま}
島
몡 섬

^{かいがん}
海岸
몡 해안

^{かわ}
川
몡 강

^{けいこく}
渓谷
몡 계곡

^{うみ べ}
海辺
몡 해변

^{すなはま}
砂浜
몡 모래사장

やま しゃめん
山の斜面 **谷** たに
명 산의 경사면 명 산골짜기

さ きゅう さ ばく
砂丘 **砂漠**
명 모래 언덕 명 사막

か ざん
火山
명 화산

ひょうざん ひょう が
氷山 **氷河**
명 빙산 명 빙하

しょうにゅうせき
鍾乳石
명 종유석

か こう うん が
河口 **運河**
명 하구 명 운하

- <ruby>平原<rt>へいげん</rt></ruby> **명** 평원
- <ruby>盆地<rt>ぼんち</rt></ruby> **명** 분지
- <ruby>台地<rt>だいち</rt></ruby> **명** 대지
- <ruby>海溝<rt>かいこう</rt></ruby> **명** 해구
- <ruby>三角州<rt>さんかくす</rt></ruby> **명** 삼각주
- <ruby>海峡<rt>かいきょう</rt></ruby> **명** 해협
- <ruby>凍土<rt>とうど</rt></ruby> **명** 동토
- <ruby>岩石<rt>がんせき</rt></ruby> **명** 암석
- <ruby>地形<rt>ちけい</rt></ruby> **명** 지형
- <ruby>風景<rt>ふうけい</rt></ruby> **명** 풍경
- <ruby>表面<rt>ひょうめん</rt></ruby> **명** 표면
- <ruby>位置<rt>いち</rt></ruby> **명** 위치

- フィヨルド **명** 피오르드, 협만
- <ruby>湾<rt>わん</rt></ruby> **명** 만
- <ruby>東<rt>ひがし</rt></ruby> **명** 동쪽
- <ruby>南<rt>みなみ</rt></ruby> **명** 남쪽
- <ruby>西<rt>にし</rt></ruby> **명** 서쪽
- <ruby>北<rt>きた</rt></ruby> **명** 북쪽
- <ruby>方位<rt>ほうい</rt></ruby> **명** 방위

지구를 알다

たつまき
竜巻
명 회오리

つ なみ
津波
명 쓰나미

しんりん か さい
森林火災
명 산불

こうおん
高温
명 고온

こうずい
洪水
명 홍수

ち きゅうおんだん か
地球温暖化
명 지구 온난화

♪ 560

伝染病
<ruby>伝染病<rt>でんせんびょう</rt></ruby>
<ruby>酸性雨<rt>さんせい う</rt></ruby>
명 산성비

명 전염병

<ruby>台風<rt>たいふう</rt></ruby>
명 태풍

<ruby>大気汚染<rt>たい き お せん</rt></ruby>
명 대기오염

<ruby>火山爆発<rt>か ざんばくはつ</rt></ruby>
명 화산 폭발

<ruby>地震<rt>じ しん</rt></ruby>
명 지진

<ruby>隕石衝突<rt>いんせきしょうとつ</rt></ruby>
명 운석 충돌

土砂崩れ
명 토사 붕괴

地滑り
명 산사태

干害
명 한해

土石流
명 토석류

なだれ
명 눈사태

熱帯性暴風
명 열대성 폭풍

核爆発
かくばくはつ
명 핵폭발

火事
かじ
명 화재

山崩れ
やまくずれ
명 산 붕괴

狂風
きょうふう
명 광풍

더 알아보기

- **濃霧** のうむ 명 짙은 안개
- **低温** ていおん 명 저온
- **砂嵐** すなあらし 명 모래 폭풍
- **山津波** やまつなみ 명 산사태
- **ハリケーン** 명 허리케인
- **熱帯低気圧** ねったいていきあつ 명 열대저기압
- **吹雪** ふぶき 명 눈보라

星座
せい ざ

명 별자리

異星人
い せいじん
명 외계인

スペースシャトル
명 스페이스 셔틀

夜空
よ ぞら
명 밤하늘

星
ほし
명 별

彗星
すいせい
명 혜성

天体望遠鏡
<small>てんたいぼうえんきょう</small>
명 천체망원경

銀河
<small>ぎん が</small>
명 은하

UFO
<small>ユーエフオー</small>
명 UFO

宇宙ステーション
<small>う ちゅう</small>
명 우주정거장

人工衛星
<small>じんこうえいせい</small>
명 인공위성

流星雨
<small>りゅうせい う</small>
명 유성우

❶ 太陽系 (たいようけい) 명 태양계

❷ 太陽 (たいよう) 명 태양

❸ 水星 (すいせい) 명 수성

❹ 金星 (きんせい) 명 금성

❺ 地球 (ちきゅう) 명 지구

❻ 月 (つき) 명 달

❼ 火星 (かせい) 명 화성

❽ 木星 (もくせい) 명 목성

❾ 土星 (どせい) 명 토성

❿ 天王星 (てんのうせい) 명 천왕성

⓫ 海王星 (かいおうせい) 명 해왕성

⓬ 惑星 (わくせい) 명 혹성

⓭ 衛星 (えいせい) 명 위성

- 軌道（きどう） 圏 궤도
- 公転（こうてん） 圏 공전
- 自転（じてん） 圏 자전
- 宇宙（うちゅう） 圏 우주
- 恒星（こうせい） 圏 항성
- 地動説（ちどうせつ） 圏 지동설
- 天動説（てんどうせつ） 圏 천동설
- 銀河（ぎんが） 圏 은하

- ビッグバン 圏 빅뱅
- 光速（こうそく） 圏 광속
- 星雲（せいうん） 圏 성운
- 無重量状態（むじゅうりょうじょうたい） 圏 무중력 상태
- 重力（じゅうりょく） 圏 중력
- 潮（しお） 圏 조수
- 宇宙旅行（うちゅうりょこう） 圏 우주여행
- 太陽風（たいようふう） 圏 태양풍

- ソーラー 圏 태양 에너지
- 球体（きゅうたい） 圏 구체
- 地球儀（ちきゅうぎ） 圏 지구본
- 冥王星（めいおうせい） 圏 명왕성

エジプトの ピラミッド

명 이집트 피라미드

アテナイの アクロポリス

명 아테나 아크로폴리스

ストーンヘンジ

명 스톤헨지

コルコバードの キリスト像
ぞう

명 브라질 예수상

日本の鳥居
にほん とりい

명 일본 토리이

ロンドン ビッグベン

명 런던 빅벤

自由の女神
じゆう めがみ

명 자유의 여신상

タワーブリッジ

명 타워브리지

リアルト橋
ばし

명 리알토 다리

コロッセウム
명 콜로세움

タージマハール
명 타지마할

クレムリン
宮殿_{きゅうでん}
명 크렘린 궁전

エッフェル塔_{とう}
명 에펠탑

ピサの斜塔_{しゃとう}
명 피사의 사탑

バッキンガム
宮殿_{きゅうでん}
명 버킹엄 궁전

シドニー
オペラハウス
명 시드니
오페라하우스

万里_{ばんり}の長城_{ちょうじょう}
명 만리장성

スフィンクス
명 스핑크스

台北１０１
〔たいぺい〕
명 타이베이
101빌딩

**ペトロナス
ツインタワー**
명 페트로나스
트윈 타워

**スルタンアフメト
モスク**
명 술탄 아흐메트 모스크

聖ワシリイ大聖堂
〔せい〕〔だいせいどう〕
명 성 바실리 대성당

**ゴールデンゲート
ブリッジ**
명 금문교

**ノイシュヴァン
シュタイン城**
〔じょう〕
명 노이슈반슈타인 성

**ホワイト
ハウス**
명 백악관

**マチュ
ピチュ**
명 마추픽추

♪ 570

エトワール凱旋門
<ruby>凱旋門<rt>がいせんもん</rt></ruby>
명 에투알 개선문

<ruby>東京<rt>とうきょう</rt></ruby>タワー
명 도쿄 타워

<ruby>京都清水寺<rt>きょうときよみずてら</rt></ruby>
명 교토 청수사

지구를 알다

サンピエトロ<ruby>大聖堂<rt>だいせいどう</rt></ruby>
명 산피에트로 대성당

アヤソフィア
명 아야 소피아 성당

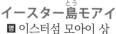

イースター<ruby>島<rt>とう</rt></ruby>モアイ
명 이스터섬 모아이 상

サグラダ・ファミリア
명 사그라다 파밀리아 성당

- **アンコールワット** 명 앙코르와트
- **アルハンブラ<ruby>宮殿<rt>きゅうでん</rt></ruby>** 명 알함브라 궁전

♪571

쉽고, 빠르고, 재미있게 그림과 함께하는

일본어 단어왕
Vocabulary King

초판 인쇄일 2021년 1월 15일
초판 발행일 2021년 1월 22일

지은이 아이엠 기획팀
감수 스나가 켄이치
발행인 박정모
등록번호 제9-295호
발행처 도서출판 혜지원
주소 (413-120) 경기도 파주시 회동길 445-4(문발동 638) 302호
전화 031)955-9221~5 팩스 031)955-9220
홈페이지 www.hyejiwon.co.kr

기획·진행 박혜지
디자인 조수안
영업마케팅 황대일, 서지영
ISBN 978-89-8379-726-1
정가 15,000원

이 도서의 국립중앙도서관 출판예정도서목록(CIP)은 서지정보유통지원시스템 홈페이지
(http://seoji.nl.go.kr)와 국가자료공동목록시스템(http://kolis-net.nl.go.kr)에서
이용하실 수 있습니다.(CIP제어번호: CIP2020052691)